服务业开放水平测度及其经济效应研究

龚静 李萍 何悦 著

四川大学出版社
SICHUAN UNIVERSITY PRESS

图书在版编目（CIP）数据

服务业开放水平测度及其经济效应研究 / 龚静，李萍，何悦著. — 成都：四川大学出版社，2023.11
ISBN 978-7-5690-5769-0

Ⅰ. ①服… Ⅱ. ①龚… ②李… ③何… Ⅲ. ①服务业－开放经济－经济发展－研究－中国 Ⅳ. ①F726.9

中国版本图书馆 CIP 数据核字（2022）第 202559 号

书　　名：服务业开放水平测度及其经济效应研究
　　　　　Fuwuye Kaifang Shuiping Cedu ji Qi Jingji Xiaoying Yanjiu
著　　者：龚 静 李 萍 何 悦

选题策划：蒋姗姗
责任编辑：蒋姗姗
责任校对：刘柳序
装帧设计：墨创文化
责任印制：王　炜

出版发行：四川大学出版社有限责任公司
　　　　　地址：成都市一环路南一段 24 号（610065）
　　　　　电话：(028) 85408311（发行部）、85400276（总编室）
　　　　　电子邮箱：scupress@vip.163.com
　　　　　网址：https://press.scu.edu.cn
印前制作：四川胜翔数码印务设计有限公司
印刷装订：成都市新都华兴印务有限公司

成品尺寸：170mm×240mm
印　　张：12
字　　数：229 千字

版　　次：2023 年 11 月 第 1 版
印　　次：2023 年 11 月 第 1 次印刷
定　　价：68.00 元

扫码获取数字资源

四川大学出版社
微信公众号

前　言

我国改革开放已 40 年有余，加入世界贸易组织也超过了 20 年。当前，国际经济环境日益变化，国际经贸规则正在重构。面对世界"百年未有之大变局"，全球性的经济服务化趋势走强，经济服务化的趋势愈加明显，各国经济聚焦点也逐步向服务业倾斜。我国大力推动服务业快速发展，积极推进服务业全面开放。无论从服务业的规模与结构，还是从服务业的就业与贸易的角度来看，均显示出我国服务业发展迅疾，有序扩大服务业开放正当其时。研究服务业开放水平及其对产业发展的效应，把握我国服务业开放的规律、目标、重点任务和推进举措，具有重要的理论意义与现实意义。

服务业开放的重要性已得到普遍认可，尽管前期文献数量并不少，但在服务业开放水平、经济效应等方面的研究，目前还比较薄弱，测算维度较为单一，仍有可深入讨论的空间。制造业开放水平可用关税税率等进行定量测度，而服务业开放水平测度则缺乏权威的定量分析工具。同时，随着服务业尤其是知识型服务业已逐渐成为制造业的重要中间投入，制造业的服务化趋势愈加明显，服务业开放问题已对我国产业高质量发展产生深远影响。高技术制造业开放拥有成熟的评价体系，而高技术服务业开放还缺乏适当的评价指标。故基于高水平开放与高质量发展的"双高"战略背景，本书试图全面分析我国服务业的开放水平，深入考察其经济效应的影响机制及优化路径，以期为后续服务开放研究提供数据基础，并为服务开放政策的制定和实施提供参考。

本书将产业经济理论与多个学科相关理论进行有机结合，遵循规范分析与实证分析、理论研究与经验研究相结合的研究范式，以服务业开放为研究对象，围绕开放水平的测算及其对产业发展的三个效应展开分析。首先，本书整理了近年来我国服务业发展的整体趋势与变化特征，利用知识图谱与可视化工具进行文献计量分析，凝练出现有服务业开放的研究热点与主题，并提出本书的研究思路与框架结构。其次，采用定性与定量相结合的方法，多视角、广范围地综合分析我国服务业的开放水平，通过构建统一的框架体系，并以四川省为例进行开放水平的测度，探索服务业开放的科学性与合理性。再次，在开放水平测算的基础上，从服务开放市场竞争加剧与制造业出口技术复杂度、知识密集型服务业开放与制造企业出口国内附加值率、生产性服务业集聚及贸易开放与制造企业全要素生产率三个维度，定性分析了服务业开放对产业发展的经济效应，利用实证分析的方法探索服务开放的影响机制与作用渠道。通过估计结果寻找优化开放与提升经济效应的作用路径，为服务业更高水平开放提供制度和政策创新依据。最后，根据分析结果，从行业内部结构优化、法律法规等制度性开放、向发达国家直接投资等方面，提出促进我国服务业高水平开放的政策建议。

本书共分为7章。第1章，概论，明确研究目的与意义；第2章，理论回顾，明确研究的理论基础、发展态势及现存不足；第3章，服务业开放水平的分析，明确现阶段我国及四川省服务业的开放情况与壁垒特征；第4章，服务业开放、市场竞争加剧与制造业出口技术复杂度，明确集中兑现服务开放承诺、地区服务市场竞争程度加剧与该地区制造业出口质量之间的关系；第5章，知识密集型服务业开放与制造企业出口国内附加值率，明确知识密集型服务业开放与制造企业出口国内附加值率之间的关系；第6章，生产性服务业集聚、贸易开放与制造企业全要素生产率，明确表征本地化内循环模式的生产性服务业集聚与表征外循环模式的生产性服务业开放对我国微观制造企业全要素生产率的影响；第7章，研究结论与政策建议，明确本书的研究结论并提供与服务业开放相关的政策启示。

本书的最终完成与出版离不开各方的支持。首先感谢四川省社会科学院盛毅研究员、西南研究员财经大学袁鹏教授的指导与帮助。在进行系统研究与本书写作过程中，笔者得到了两位老师的悉心指导。其次，感谢西南民族大学尹忠明教授，四川省社会科学院研究员刘渝阳、方茜以及诸多专家学者的帮助。本书的出版得到了成都大学社科处及商学院的大力支持，获得了成都大学人文社会科学高水平学术著作出版资助基金的资助。本书也是中国博士后科学基金第67批面上项目"知识密集型生产性服务业的开放水平测度及其产业效应研究"（2020M673572XB）的阶段性成果。尽管笔者做了大量的工作，尽可能做到完善，但书中的错误与不足之处在所难免，恳请各位同仁及广大读者批评指正。

龚　静
于嘤鸣湖畔
2022 年 6 月

目　录

1 概 论

1.1 研究背景

在渐进式的经济改革与渐次性的对外开放下，我国改革开放已经历了 45 个春秋。随着国家工业化、新型城镇化进程的加快，伴随国内产业结构调整政策的指引，我国服务业已变为经济社会发展的中流砥柱，发展潜力不可小觑。在经济全球化的国际背景下，我国提出了服务业高水平开放与高质量发展的"双高"目标。此时，加快推进我国服务业的全面开放，增强服务业的国际综合竞争力，就成为我国构建新发展格局的必然选择。同时，在国内经济增速换挡、新旧动能转换及产业结构调整的时代背景下，作为国内、国际双循环的重要映射，服务业已被视为深化对外开放、实现结构性改革及推动经济高质量发展的重要引擎与推动力。因此，探讨我国服务业的开放及其对产业发展的经济效应问题恰逢其时。由于港澳台地区的资料缺失，故本书探讨的我国服务业的范围是指除港澳台地区以外的其他省、自治区、直辖市的服务业。

在政策导向层面，近几年来政府工作报告及经济会议多次提及服务业开放的问题（戴翔，2019；朱福林，2022）。党的十九大报告提出扩大服务业对外开放，放宽服务业准入限制，加快发展现代服务业，以促进我国产业高质量发展。2020 年 10 月，在审议通过的《中共中央关于制定国民经济和社会发展第十四个五年规划和二〇三五年远景目标的建议》中，也明确提出了建设更高水平开放型经济新体制，需要有序扩大服务业对外开放。2020 年 11 月，中共中央十九届五中全会明确提出，"实行高水平对外开放，开拓合作共赢新局面"，"坚持创新驱动发展，全面塑造发展新优势"。2021 年 11 月，商务部在《"十四五"对外贸易高质量发展规划》中强调，深化服务贸易开放，提升跨境服务贸易制度型开放水平，促进全球服务业和服务贸易开放合作。随后，国务院在《"十四五"对外贸易高质量发展规划》的批复中也指出，以深化供给侧结构性改革为主线，以推进贸易高质量发展为主题，推动高水平对外开放，加快培育参与国际经济合作和竞争新优势。从上述各项政府工作报告及会议决策中不难发现，国家对服务经济的发展规划与开放布局提出了更高的要求。

自 2001 年 12 月中国加入世界贸易组织（World Trade Organization，WTO，以下简称世贸组织）以来，我国的产业发展及国际贸易增长可谓是突飞猛进。从广交会的"中国制造"，到进博会的"中国市场"，再到服贸会的"中国服务"，我国实践着开放包容、合作共赢的新发展理念，打造着国内、国际双循环相互促进的新发展格局，以期促进世界经济的共同繁荣。加入世贸组织作为我国对外开放的里程碑事件，最明显的成绩就是我国的开放水平得到了显著的提升。一方面，对于货物贸易领域而言，在履行市场承诺方面，据商务部的数据显示，中国早于 2010 年就已全部履行了加入世贸组织时的货物降税承诺，关税总水平由 2001 年的 15.3％降至 2010 年的 9.8％，下降幅度达到了35.95％。此后，我国还主动将进口平均关税进一步降至 2021 年的 7.4％，这相比于 2001 年，已达 51.63％，低于所有发展中成员水平并已接近于发达成员水平。可见，在加入世贸组织这 20 年间，我国进口关税降幅已超过 50％，进口管制得到简化，并且已基本取消了进口配额管理。另一方面，对于服务贸易领域而言，2007 年我国已全部履行了加入世贸组织时对服务领域的开放承诺，对所承诺的 9 大类服务部门中的 100 个分部门进行了开放，并且实际开放的部门数已接近 120 个，超过了当初所做出的承诺。近年来，我国还陆续出台了一系列扩大服务业开放的措施，如探索建设国家服务贸易创新发展示范区、打造数字贸易示范区、在全国推行实施跨境服务贸易负面清单等，显然，我国正积极稳进地推动着服务业的高水平开放。

在展开服务业开放问题研究前，我们有必要先明确现阶段我国服务业的发展现状，以便把握其开放的基础与客观环境。

1.1.1 服务业产出比重

服务业产出比重是指三次产业增加值占国内生产总值（Gross Domestic Product，GDP）的比重。根据国际通用的评判标准，当一国（地区）的服务业产出比重超过了农业和工业的产出比重之和，即服务业增加值占比大于50％时，可认为该国（地区）进入了以服务业为主导的经济发展阶段。从国民经济核算来看，据《中国统计年鉴 2022》的数据显示，2021 年我国国内生产总值达 1 143 670 亿元，比 2020 年增长了 8.1%。其中，第三产业 2021 年的生产总值为 609 680，服务业产业比重为 53.3%。

表 1-1 显示了 2000—2021 年我国三次产业的产出比重情况。从中可以看出，农业产出比重大体是持续下降的，从 2000 年的 14.7% 下降到 2021 年的 7.3%。工业产出比重呈波动下降趋势，从 2000 年的 45.5% 下降到 2021 年的 39.4%。而服务业产出比重则表现出大体上升的趋势，从 2000 年的 39.8% 上升至 2021 年的 53.3%。自 2012 年开始，我国服务业产出比重首次超过了工业产出比重，跃升为国民经济的第一大产业。自 2015 年开始，我国服务业产出比重超过了农业和工业的产出比重之和，这表明我国自此进入了以服务业为主导的经济发展阶段。截至 2021 年，我国服务业产出比重已较为稳定，该比例持续在 50% 以上已达 7 年之久。

表 1-1   2000—2021 年我国三次产业产出比重   单位：%

年份	农业产出比重	工业产出比重	服务业产出比重
2000	14.7	45.5	39.8
2001	14.0	44.8	41.2
2002	13.3	44.5	42.2
2003	12.3	45.6	42.0
2004	12.9	45.9	41.2
2005	11.6	47.0	41.3
2006	10.6	47.6	41.8
2007	10.2	46.9	42.9
2008	10.2	47.0	42.9
2009	9.6	46.0	44.4
2010	9.3	46.5	44.2
2011	9.2	46.5	44.3
2012	9.1	45.4	45.5
2013	8.9	44.2	46.9
2014	8.6	43.1	48.3
2015	8.4	40.8	50.8
2016	8.1	39.6	52.4
2017	7.5	39.9	52.7

年份	农业产出比重	工业产出比重	服务业产出比重
2018	7.0	39.7	53.3
2019	7.1	39.0	53.9
2020	7.7	37.8	54.5
2021	7.3	39.4	53.3

资料来源:《中国统计年鉴2022》及国家统计局。

注:本表按照当年价格计算。

1.1.2 服务业贡献率比重

产业贡献率比重是指三次产业各自对经济增长的贡献率,即各产业增加值增量在GDP增量中的占比份额。根据国家统计局发布的数据显示,2021年三次产业对GDP实际增长的贡献率依次是7.2%、37.7%、55.1%,分别拉动GDP增长了0.5个百分点、3.1个百分点和4.5个百分点。

表1-2为2000—2021年我国三次产业对经济增长的贡献率变化情况。从中可以看出,农业对经济增长的贡献率在2004年达到最高(2020年受新型冠状病毒肺炎疫情影响除外),达到了7.3%。工业对经济增长贡献率在这20多年间,呈现出波动下降的趋势,从2000年的59.6%下降到2021年的37.7%。而服务业对经济增长的贡献率总体是呈波动上升的趋势,贡献率从2000年的36.2%上升至2021年的55.1%,提升了18.9个百分点,2018年时更是高达61.5%。自2014年开始,我国服务业对经济增长的贡献率就连续超过了工业。由此可见,服务业已成为我国经济增长的主要动力。

表1-2 2000—2021年我国三次产业对经济增长贡献率 单位:%

年份	农业贡献率	工业贡献率	服务业贡献率
2000	4.1	59.6	36.2
2001	4.6	46.4	49.0
2002	4.1	49.4	46.5
2003	3.1	57.9	39.0
2004	7.3	51.8	40.8
2005	5.2	50.5	44.3
2006	4.4	49.7	45.9

年份	农业贡献率	工业贡献率	服务业贡献率
2007	2.7	50.1	47.3
2008	5.2	48.6	46.2
2009	4.0	52.3	43.7
2010	3.6	57.4	39.0
2011	4.1	52.0	43.9
2012	5.0	50.0	45.0
2013	4.2	48.5	47.2
2014	4.5	45.6	49.9
2015	4.4	39.7	55.9
2016	4.0	36.0	60.0
2017	4.6	34.2	61.1
2018	4.1	34.4	61.5
2019	3.8	36.8	59.4
2020	9.5	43.3	47.3
2021	7.2	37.7	55.1

资料来源：《中国统计年鉴2022》及国家统计局。

注：2020年受新冠肺炎疫情影响，贡献率出现了较大波动。

1.1.3　服务业固定资产投资占比

三次产业固定资产投资占比，是指三次产业的全社会固定资产投资额占总的全社会固定资产投资额的比例。随着国家产业政策的调整与倾斜，服务业的市场潜力不断扩大，服务业正加速由劳动密集型产业向资本和技术密集型产业转型升级。尤其是在信息与通信技术（Information and Communications Technology，ICT）的迅猛发展和应用驱动下，服务业高额的增值空间与盈利机会使得市场主体的"诱导性"投资持续增加。

由表1-3可知，在过去的近20年里，服务业的全社会固定资产投资实现了快速增长。在全社会固定资产投资中，服务业占比由2003年的62.54%提升到2021年的66.64%。显然，虽其占比情况不断变动，但始终大于其余两大产业的占比，占据了绝对的投资主导地位。

表1-3　2003—2021年我国三次产业固定资产投资占比　　单位:%

年份	农业占比	工业占比	服务业占比
2003	1.17	36.30	62.54
2004	1.09	38.69	60.22
2005	1.12	42.07	56.81
2006	1.20	42.35	56.45
2007	1.24	43.26	55.50
2008	1.51	43.63	54.85
2009	1.73	42.28	55.99
2010	1.63	41.84	56.53
2011	2.25	43.72	54.02
2012	2.40	43.32	54.27
2013	2.09	42.35	55.56
2014	2.35	41.39	56.26
2015	2.82	40.62	56.56
2016	3.16	38.86	57.98
2017	3.31	37.32	59.37
2018	3.53	37.43	59.05
2019	2.29	29.57	68.14
2020	2.56	28.75	68.69
2021	2.62	30.74	66.64

资料来源:《中国统计年鉴2022》及国家统计局。

注:表中占比数据在2010年及之前年份均为基于城镇固定资产投资口径的占比,2011年及之后年份则变为基于固定资产投资(不含农户)口径的占比。

1.1.4　服务业就业比重

就业比重是指三次产业就业人数与总就业人数之比,可反映三次产业吸纳就业人口的水平。表1-4为2000—2021年我国三次产业的就业比重情况。从中可以看出,农业就业比重呈持续下降的趋势,其比重从2000年的50.0%持续下降到2021年的22.9%,这表明农业人口正在加速向第二产业和第三产业转移。工业就业的比重呈现出先升后降的发展态势,在2012年时达到了吸纳就业人口的最高峰,就业比重达30.3%,其余年份则在21.4%~30.1%波动。

服务业就业的比重表现出明显的持续上升趋势，从 2000 年的 27.5% 持续上升到 2021 年的 48.0%，提高了 20.5 个百分点，已然成为拉动社会就业总量的主要力量。具体地，服务业就业比重自 2011 年开始就超过了农业就业比重，从而替代农业成为吸纳就业人口的主渠道。此外，从 2021 年我国的总就业人数构成比例来看，农业与工业就业比重分别为 22.9% 和 29.1%，而服务业就业比重为 48.0%，服务业在三大产业中吸纳就业的人口数量最多，成为我国最大的"就业稳定器"。

表 1-4　2000—2021 年我国三次产业就业比重　　　　单位：%

年份	农业就业比重	工业就业比重	服务业就业比重
2000	50.0	22.5	27.5
2001	50.0	22.3	27.7
2002	50.0	21.4	28.6
2003	49.1	21.6	29.3
2004	46.9	22.5	30.6
2005	44.8	23.8	31.4
2006	42.6	25.2	32.2
2007	40.8	26.8	32.4
2008	39.6	27.2	33.2
2009	38.1	27.8	34.1
2010	36.7	28.7	34.6
2011	34.8	29.5	35.7
2012	33.6	30.3	36.1
2013	31.4	30.1	38.5
2014	29.5	29.9	40.6
2015	28.3	29.3	42.4
2016	27.7	28.8	43.5
2017	27.0	28.1	44.9
2018	26.1	27.6	46.3
2019	25.1	27.5	47.4
2020	23.6	28.7	47.7

年份	农业就业比重	工业就业比重	服务业就业比重
2021	22.9	29.1	48.0

资料来源：《中国统计年鉴2022》及国家统计局。

注：本表按就业人数年底数进行计算。

1.1.5 服务业全员劳动生产率

全员劳动生产率是指国内生产总值与全部就业人员的比率，可用于衡量劳动力要素的投入与产出效率。随着科技发展及数字经济的到来，服务业的劳动生产率呈明显的上升趋势。尽管服务业的全员劳动生产率相对于工业而言仍然偏低，但服务业的全员劳动生产率具有稳步增长且快速上升的趋势。从表1-5可知，服务业的全员劳动生产率从2000年的20 127.68元/人增加到2021年的169 978.81元/人，年均增速达10.69%。这既表明服务业对经济增长重要的促进作用，又反映了服务业提升了经济发展的质量。

表1-5 2000—2021年我国三次产业的全员劳动生产率 单位：元/人

年份	农业	工业	服务业
2000	4 083.29	28 154.45	20 127.68
2001	4 259.05	30 589.75	22 663.63
2002	4 418.72	34 500.77	24 536.26
2003	4 687.38	39 364.48	26 732.70
2004	6 001.81	44 458.08	29 329.33
2005	6 520.75	49 579.08	33 034.69
2006	7 300.02	55 234.04	38 007.79
2007	9 005.27	62 731.84	47 446.20
2008	10 849.21	72 959.13	54 541.20
2009	11 624.71	75 981.40	59 854.24
2010	13 759.19	87 733.04	69 140.93
2011	16 838.95	100 707.55	79 218.39
2012	19 044.97	105 261.86	88 427.66
2013	21 938.73	113 056.37	93 799.26
2014	24 408.21	120 041.04	99 047.95

年份	农业	工业	服务业
2015	26 358.23	123 976.07	106 502.85
2016	27 976.93	132 182.46	115 776.91
2017	29 650.26	151 933.88	125 704.26
2018	31 960.31	170 563.44	136 262.67
2019	36 238.98	181 255.71	145 484.36
2020	43 891.67	178 366.66	154 716.19
2021	48 667.99	207 675.02	169 978.81

资料来源：《中国统计年鉴2022》及国家统计局。

注：本表按照当年价格计算。

1.1.6　服务业贸易比重

服务业贸易比重是指服务贸易额在总贸易额中的占比。从2021年我国的对外贸易情况来看，货物贸易进出口总额达60 501.7亿美元，其中，货物贸易出口总额达33 630.2亿美元，货物贸易进口总额达26 871.4亿美元。同期，服务贸易进出口总额较小，仅为8 212.5亿美元。其中，服务贸易进口额与出口额分别为3 942.5亿美元和4 270.0亿美元，相比2020年分别增加了40.49％和12.05％。

表1-6为2000—2021年我国货物与服务贸易的进出口情况。从中可以看出，在总值贸易统计下，货物贸易占主导地位，我国80％～90％的对外贸易都以货物贸易的形式呈现。相比而言，虽然服务贸易进出口额的绝对值在持续增长，但占比的增长幅度并不大。在2000—2021年间，对于进出口贸易总额而言，服务贸易占比处于不断的波动之中，其占比在10.4％～15.2％波动。对于出口贸易而言，服务贸易占比在8.6％～12.8％波动，且具有波动下降的趋势。对于进口贸易而言，服务贸易占比徘徊在11.3％～22.2％，且表现出波动性上升再下降的趋势。这些数据的变化情况与我国服务贸易连年逆差且逆差额持续扩大的现实背景相一致。

表1-6　2000—2021年我国货物贸易与服务贸易的进出口情况

单位：亿美元，%

年份	进出口总额			出口总额			进口总额		
	货物贸易（亿美元）	服务贸易（亿美元）	服务贸易占比（%）	货物贸易（亿美元）	服务贸易（亿美元）	服务贸易占比（%）	货物贸易（亿美元）	服务贸易（亿美元）	服务贸易占比（%）
2000	4 743.0	711.9	13.1	2 492.0	350.3	12.3	2 250.9	361.6	13.8
2001	5 096.5	784.5	13.3	2 661.0	391.8	12.8	2 435.5	392.7	13.9
2002	6 207.7	927.6	13.0	3 256.0	462.3	12.4	2 951.7	465.3	13.6
2003	8 509.9	1 066.4	11.1	4 382.3	513.3	10.5	4 127.6	553.1	11.8
2004	11 545.5	1 452.3	11.2	5 933.3	725.1	10.9	5 612.3	727.2	11.5
2005	14 219.1	1 682.8	10.6	7 619.5	843.1	10.0	6 599.5	839.7	11.3
2006	17 604.4	2 038.2	10.4	9 689.8	1 029.8	9.6	7 914.6	1 008.4	11.3
2007	21 761.8	2 654.5	10.9	12 200.6	1 353.2	10.0	9 561.2	1 301.3	12.0
2008	25 632.6	3 222.6	11.2	14 306.9	1 633.1	10.2	11 325.7	1 589.5	12.3
2009	22 075.4	3 024.9	12.1	12 016.1	1 435.7	10.7	10 059.2	1 589.2	13.6
2010	29 740.0	3 717.4	11.1	15 777.5	1 783.4	10.2	13 962.6	1 934.0	12.2
2011	36 418.6	4 488.9	11.0	18 983.8	2 010.5	9.6	17 434.8	2 478.4	12.4
2012	38 671.2	4 828.8	11.1	20 487.1	2 015.8	9.0	18 184.1	2 813.0	13.4
2013	41 589.9	5 376.1	11.4	22 090.0	2 070.1	8.6	19 499.9	3 306.1	14.5
2014	43 015.3	6 520.2	13.2	23 422.9	2191.4	8.6	19 592.3	4 328.8	18.1
2015	39 530.3	6 541.6	14.2	22 734.7	2 186.2	8.8	16 795.6	4 355.4	20.6
2016	36 855.6	6 616.3	15.2	20 976.3	2 095.3	9.1	15 879.3	4 521.0	22.2
2017	41 071.4	6 956.0	14.5	22 633.5	2 280.9	9.2	18 437.9	4 675.9	20.2
2018	46 224.2	7 918.8	14.6	24 866.8	2 668.4	9.7	21 357.3	5 250.4	19.7
2019	45 778.9	7 850.0	14.6	24 994.8	2 836.0	10.2	20 784.1	5 014.0	19.4
2020	46 559.1	6 617.2	14.2	25 899.5	2 806.3	10.8	20 659.6	3810.9	18.4
2021	60 501.7	8 212.5	12.0	33 630.2	3 942.5	10.5	26 871.4	4 270.0	13.7

资料来源：《中国统计年鉴2022》及国家统计局。

　　从上述几类表征服务业规模、结构、就业及贸易等情况的衡量指标来看，当前，我国已进入了以服务业为主导的经济发展阶段，服务业正逐渐成为拉动国民经济增长的新引擎与主要推动力。

1.2　研究目的和研究意义

1.2.1　研究目的

改革开放 40 多年来，中国在推行对外开放政策及加快市场开放进程中取得了诸多成果。2021 年底，我国关税总水平已降至 7.4%。相较于制造业开放程度可用关税水平进行直接衡量而言，我国服务业开放程度则缺乏权威的定量分析工具。当前，我国服务业增加值占比已达 54.5%，已成为第一大产业及经济增长的主动力，对其开放水平的分析就显得尤为迫切。同时，作为制造业的重要中间投入，服务业尤其是知识密集型服务业的比重持续上升，且近年来制造业服务化的趋势也愈加明显，使得服务业开放对我国产业高质量发展及攀升至全球价值链中高端具有重要的影响。基于高水平开放与高质量发展的国家战略背景，本书致力于全面分析我国服务业开放水平，深入考察其经济效应的影响机制及优化路径。具体而言：

一方面，从理论及实践层面构建我国服务业开放水平的综合分析指标框架，采取定性与定量相结合的方法，测算并分析我国服务业整体及各部门开放水平的变化特点与规律。鉴于前期关于服务业开放水平的研究缺乏系统、权威、全面的测度指标体系，故本书将构建定性与定量相结合的分析框架，以客观反映其开放的典型事实，为后续经济效应的研究提供基础数据。新一轮高水平开放强调变商品和要素流动型开放为规则制度型开放，故有必要先从制度层面定性地对法律法规、负面清单等文本型开放政策进行梳理，再从实施层面定量地对限制指标、开放赋值等数值型开放指标进行对比。将定性资料与定量数据统一纳入分析体系当中，透过纷繁复杂的表象，全面、深入、系统地把握我国服务业开放的趋势和规律。

另一方面，评估多个维度下服务业开放对我国产业发展的经济效应，检验其在地区、行业、企业性质、出口方式等多个层面上的影响及作用效果，从而为服务开放政策的深入实施提供现实依据。具体地，通过前期研究，更新并提高现有数据库中数据匹配的精度与质量，降低匹配误差。在基准测算公式的基础上，扩展测度的范围，改进测算的准确度，减少测量误差。因此，笔者根据国内外成熟的理论框架，扩展数学模型进行关系推导及理论分析，梳理服务业开放对我国产业发展的作用机理与影响渠道，利用现实数据进行经验分析，以便日后为我国新一轮对外开放提供新的思路。

1.2.2　研究意义

自我国加入世贸组织以来，服务业开放承诺不断得到兑现，外资准入及市场化改革步伐持续加快。在新一轮经济高质量发展与全球价值链攀升的战略下，探讨我国服务业开放及其经济效应就具有重要的理论意义与现实价值。

第一，构建系统性、可量化的服务业开放水平的综合分析框架。这既可全面评估我国服务业的开放进程与政策基础，又可丰富和发展服务业开放理论的应用，提供定量评价的方法。一方面，我国各地为尽快融入全球经济市场，争先恐后地开放服务业市场，但盲目跟风则可能导致产业的安全风险增加。对我国服务业的开放水平进行系统评估，不仅可以量化具体服务部门渐次开放的科学性与合理性，阐明我国服务业科学开放的现实意义，还可以基于我国各地区服务业的比较优势，选择优势明显的地区进行重点开放，实现地区开放的错位发展。提高我国开放政策的精准性，可更好实现以开放促改革、促发展、促创新的国家战略。另一方面，开放程度取决于国际环境—区域形势—境内政策复杂系统下的动态调整、均衡博弈和效益优化。故本书试图将这三个层面的情景视作整体，系统性地对其开放水平进行政策量化评估和开放程度分析。因此，本书将从贸易、投资等维度进行综合分析，以便为我国服务业的科学开放提供依据。

第二，从经济学角度深入分析服务开放后市场竞争加剧、知识密集型服务业开放、生产性服务业集聚与开放现象对我国产业发展的多种经济效应，尝试识别出其对我国出口技术复杂度、出口国内附加值率及企业全要素生产率的影响方式与作用机制。这既可深化服务业开放的经济学理论研究，又有利于推动国内国际双循环互促体系的运作。在研究对象上，从国家整体层面的服务业开放，到产业内部结构层面的生产性服务业开放，再到进一步细分出的知识密集型服务业开放，这种层级划分实际上是针对服务业开放与产业发展更深入的关联递进。其中，知识密集型服务业是在工业化高度发展阶段下，科学技术进步、产业结构升级和劳动分工深化的产物，而产业发展与创新都是以知识经济为核心，对知识密集型服务业存在原生性的外部需求。因此，逐级深入的分析有利于揭示服务业开放对产业经济效应的影响，明确服务开放在我国层级完整、流程明确的产业链及供应链上的作用效应与影响差异，这既便于充分发挥各种效应优势以提升整体的经济效应，又有助于推动国内经济大循环的持续升级，为我国对外开放理论提供有益尝试与路径借鉴。

第三，基于量化的服务业开放水平及其对产业发展的经济效应，构建适合我国高质量发展路径的对外开放策略，以便为今后的高水平开放政策及迈向全球价值链中高端的产业政策提供制度构建与对策建议；通过探索提升我国经济效应的服务最优开放问题，分析多种制度坏境下及不同区域、产业类型、企业性质等多种异质性层面上的开放效应的作用差异，从而为我国进一步对外开放及实现经济高质量发展提供经验，并为我国产业优化发展提供现实依据。

1.3　研究方法与主要创新点

1.3.1　研究方法

本书将产业经济理论与多个学科的相关理论进行有机结合，根据交叉学科的研究范式，探讨整体及细分部门的服务业开放问题及其经济效应，深入分析并扩充服务业领域的研究。在具体的分析论证中，本书将从产业经济理论出发，结合国际贸易学、微观经济学、宏观经济学以及计量经济学等学科相关理论和研究方法，对我国服务业开放水平进行测算及评估，并结合服务开放、市场竞争、服务集聚等现象进行经济效应分析。本书采用的研究方法可归纳如下。

1.3.1.1　历史综合分析法与文献研究法相结合

本书需要运用可视化图谱工具进行文献计量，科学归纳本书研究主题的研究现状与发展动态。可视化图谱可以揭示研究对象的演化过程与机制，包括科学计量、引文分析及知识创新预测等。利用 CiteSpace 软件绘制图谱来分析现有文献要素，将关键节点的具体信息及发文趋势与关键词密度、共现与聚类分析、时间区—轴图、战略与主题演化图等方法相结合，反映并构建服务业开放研究领域范式，凝练服务业开放的研究热点和主题，从而把握服务业开放问题的主要演化过程、路径探索及未来展望。

1.3.1.2　规范分析与实证分析相结合

规范分析与实证分析作为经济学最基本的研究方法，前者侧重于说明"应该是什么"，而后者则强调"是什么"和"为什么"。两者相辅相成，其中，规范分析可为实证分析提供指导，而实证分析则以规范分析为基础。以研究服务业开放水平为例。首先，需要在合理选用测算公式及收集相关数据的基础上，对当前我国服务业开放政策及履约情况进行统计分析，这是规范分析的基础。其次，在前期文献研究的基础上，通过数理模型及逻辑推演对服务业开放水平的经济效应进行规范分析。最后，在理论分析的基础上，对服务业开放水平的经济效应的作用方式及影响渠道进行实证研究，以揭示服务业开放红利的形成机制，寻求促进我国产业可持续发展及竞争力提升的路径规划。

1.3.1.3　理论研究与经验研究相结合

理论分析拥有精密的逻辑结构，对现实具有价值判断的作用。经验研究则通过刻画客观事实对理论分析进行验证。两者的有机结合能深入探讨服务业开放对我国产业发展的影响方式与作用效果。因此，本研究将先阐述服务业开放在各类经济效应中的数理分析与理论逻辑，然后在相关理论研究的基础上，根据客观的服务业开放与产业绩效数据进行经验研究，以验证理论分析的结论。深刻、清晰地理解服务业开放及服务经济发展对我国产业经济的影响，更好地指导今后服务业高水平开放的实践工作。

1.3.1.4　静态分析与动态分析相结合

静态分析考察在既定时间点某个事物在经济变量作用下的特征，而动态分析则是在时间序列变化的基础上研究不同时间点该事物的形成及演化过程。例如，本书第 5 章在分析知识密集型服务业开放水平对制造企业出口国内附加值率的影响效应时，就采用了基于比较静态分析的数理模型推导方法。在检验其影响效应时，采用了基于动态分析方法的面板数据进行实证检验。采用两种方法相结合的分析方式，可以更加全面、准确地描述贸易自由化浪潮下服务业开放对产业绩效的全部影响。

1.3.2　主要创新点

货物进出口可用关税总水平直接衡量其开放程度，而服务业的开放具有复杂性、隐蔽性和特殊性等特性，难以直接测量其开放水平。随着科技革命和信息技术的变革，尤其是数字技术驱动下的数字经济发展，服务的可贸易性得到极大提升，服务业的开放问题也逐渐成为各国谈判协商的焦点问题。纵观现有文献，近几年来对于服务业开放问题的探讨已成为研究的热点话题。因此，本书将基于现有研究成果，从以下三个方面尝试深入与创新。

第一，研究视角较新颖，以服务业开放为研究对象，多维度去构建我国服务业开放的综合分析框架体系。面对服务市场开放压力激增、产业价值链亟待升级的现实背景，本书从服务业开放的视角切入，探讨我国服务业渐次开放政策的科学性与合理性，构建系统性、可量化的服务业开放水平综合分析框架体系。全面评估我国服务业的开放进程与政策基础，既可避免单一指标测度的片面性，又可降低盲目开放导致的行业安全风险及无效率风险，从而丰富和发展服务业开放理论的现实应用。当前，高水平开放为深化我国经济体制改革提供了战略机遇，在这新一轮的高水平开放中，政策制定将从"边境开放"向"境内开放"进行拓展，并强调变商品和要素流动型开放为规则制度型开放。这就意味着在开放制度设计和规则变革中，有必要先从制度层面定性地对法律法规、负面清单等文本型开放政策进行梳理，再从实施层面定量地对限制指标、开放赋值等数据型开放指标进行对比。基于层次分析建立开放水平综合分析框架体系，将定性与定量相结合的方法统一纳入分析之中，以探讨我国服务业渐次开放政策的科学性与合理性，并形成与国际经贸活动中高标准规则相衔接的先进开放制度，从而丰富并完善我国的服务经济开放理论。

第二，定量研究较严谨。通过构建数学模型，采用比较静态分析的方法，结合理论建模与逻辑推演，提出相应的研究假说。本书将系统性归纳服务业开放作用于产业发展的宏观及微观机制，全面梳理其影响渠道，以确保理论基础扎实，同时遵循数理模型推导的严谨性。例如，第5章在针对企业出口国内附加值率的已有研究基础上，拓展前期学者的数学模型，将知识密集型服务业作为制造企业的中间要素投入，使之可在统一模型中探讨知识密集型服务业开放对制造企业出口国内附加值率的影响大小，以得出待检验的研究假说。通过打造适合我国高质量发展目标的对外开放路径，提供实现我国进一步对外开放及经济高质量发展的经验与规律，从而为今后的高水平开放政策提供指引与支持。

第三，研究方法紧随前沿，多角度分析服务业整体开放及其细分部门开放的经济效应。本书从经济学角度深入分析服务业开放对多个层面产业经济绩效的影响差异，并基于微观计量经济学方法，根据"企业—地区—行业—年份"等多维度的变量衡量方式，采用大数据实证检验其影响机制，将其开放的经济影响从服务业自身拓展到了出口质量、价值增值及生产效率的支持效应上。基于典型事实的实证经验研究，所得结论更具实践指导性。通过对服务业开放多角度的经济效应分析，可充分发挥各种效应优势，从而有效提升我国整体的经济效率。

1.4　研究的主要内容与结构安排

1.4.1　主要内容

本书在笔者前期研究成果与资料积累的基础上，根据国家"十四五"规划中高水平开放与高质量发展的战略需求，针对我国服务业开放问题进行深入研究。按照"多维度开放水平分析→服务业开放与市场竞争加剧→知识密集型服务业开放→生产性服务业集聚与开放"的逻辑顺序，结合文献分析、测度分析、模型分析及实证分析等集成化的分析技术，利用知识图谱与可视化分析、定性与定量相结合的混合分析、计量回归检验等方法，准确分析我国服务业的开放水平，全面考察服务业开放与多个经济绩效之间的影响机制及作用路径，从而加快推动我国服务业的全面开放，为我国建立更高水平开放型经济新体制、实现国内国际双循环互促新格局提供参考经验与有益思路。

因此，本书尝试从产业经济学、国际贸易学、微观经济学及微观计量经济学等多领域交叉研究出发，首先利用知识图谱与可视化分析工具对现有服务业开放进行文献计量分析，归纳并凝练出研究主题与热点，为后续的分析奠定理论知识基础。其次，构建统一的综合分析框架体系，运用定性与定量相结合的方法综合分析我国服务业的开放水平，明晰其变化趋势与开放规律，为我国加入世贸组织后服务业渐次开放的科学性与合理性寻找量化支撑。再次，从服务开放市场竞争加剧与制造业出口技术复杂度、知识密集型服务业开放与制造企业出口国内附加值率、生产性服务业集聚及贸易开放与制造企业全要素生产率三个维度，利用计量经济学方法对其相互间的关系进行检验，探索其影响方向、作用大小及变化程度，寻找优化开放与提升经济效应的作用路径。最后，根据分析结果提出服务业高水平开放的政策措施和制度构建建议。按照该研究思路，本书共分为7章，具体安排如下。

第1章，概论，明确研究目的与意义。基于经济全球化的国际背景及我国经济增速换挡、产业结构调整、新旧动能转换的背景，在分析我国服务业不同维度发展现状的基础上，本章简要说明本书的研究背景、研究目的、研究意义、主要研究方法、创新点及章节安排。

第2章，理论回顾，明确研究的理论基础、发展态势及现存不足。首先，围绕服务业开放的研究进行文献计量，绘制关键词聚类图谱，对其发文趋势、国家分布及研究热点等进行分析。其次，细致梳理服务业开放的理论与文献，重点对开放水平测算方法的类型、演进过程进行归纳与总结，并从出口技术复杂度提升效应、出口国内附加值率提升效应及企业全要素生产率提升效应三个方面，着重梳理与服务业开放相关的现有研究文献。最后，进行相应的文献评述。

第3章，服务业开放水平分析，明确现阶段我国服务业的开放水平、行业壁垒及四川省生产性服务业的开放情况。首先，回顾我国在加入世贸组织时所签订的《中华人民共和国服务贸易具体承诺减让表》（以下简称《入世服务贸易承诺表》），对列入承诺减让的服务大类、中类及小类进行归纳，并整理出在市场准入限制及国民待遇限制项下我国各服务部门在四种服务提供模式下的承诺减让情况。其次，对我国服务贸易限制指数、服务业外商直接投资限制指数及服务业综合开放度进行测算分析，展示我国服务业的开放水平。最后，采用主成分分析法测算四川省生产性服务业的开放水平与影响因素，并且进行国内各省、自治区、直辖市的地域对比分析。

第4章，服务业开放、市场竞争加剧与制造业出口技术复杂度，明确集中兑现服务开放承诺、地区服务市场竞争程度加剧与该地区制造业出口质量之间的关系。首先，利用2000—2007年中国工企及海关数据库合并后的微观大数据加总而成的地区层面数据，较为系统地探讨兑现服务开放承诺与服务市场竞争加剧对地区制造业出口产品质量的影响。其次，基于2005年我国集中兑现服务开放承诺的客观事实，构建用于评估开放政策的拟自然实验，采用倍差法回归分析我国集中兑现服务开放承诺与服务市场竞争加剧对地区制造业出口技术复杂度的影响效应。最后，在预期效应、安慰剂检验、同趋势性假设检验、两期倍差法估计以及改变变量的衡量方式等一系列稳健性检验的基础上，核查本章的回归结果是否仍然稳健。

第5章，知识密集型服务业开放与制造企业出口国内附加值率，明确知识密集型服务业开放是通过提高国外进口中间品的相对价格及提升企业成本加成率，从而对制造企业出口国内附加值率产生影响。首先，将知识密集型服务业开放与企业出口国内附加值率纳入统一的分析框架中，从微观层面构建相应的数学模型并推导出待验证的研究假说。其次，利用2000—2007年中国工企及海关数据库合并后的微观大样本数据，从总体及细分服务部门层面进行知识密集型服务业开放对制造企业出口国内附加值率影响效应的实证检验，进行内生性问题、替换关键变量衡量方式以及变更观测样本等一系列稳健性检验。同时，从出口贸易方式、行业要素密集度、企业所有制类型、不同地区类型等维度进行作用效果的异质性分析。最后，从中间品的相对价格及企业成本加成率两个渠道，进行服务开放作用机制的中介效应检验。

第6章，生产性服务业集聚、贸易开放与制造业全要素生产率，明确表征本地化内循环模式的生产性服务业集聚与表征外循环模式的生产性服务业开放对我国微观制造企业全要素生产率的影响。首先，从生产性服务业视角切入，探索产业集聚与贸易开放对制造企业全要素生产率的作用机制。例如，产业集聚的规模效应与拥挤效应，贸易开放的资源再配置效应与市场竞争效应。其次，使用2000—2007年中国微观企业样本数据，就开放条件下生产性服务业集聚与开放对制造企业全要素生产率的影响进行回归分析。从企业所有权层面、区域层面以及行业密集度层面的异质性进行实证检验，并从内生性处理、样本选择以及变换指标衡量方式等层面进行稳健性分析。

第7章，研究结论与政策建议，明确本书的研究结果以及可提供的基于服务开放的政策启示。首先，总结汇报研究结论，对我国服务业开放水平的测算结果及各种经济效应进行归纳与梳理。其次，根据研究结论，探讨今后服务业高水平开放的战略选择，为服务业进一步发展建言献策。最后，提出本书的不足之处及未来的研究展望。

1.4.2　结构安排

根据以上对研究内容的阐述，本书的相关研究思路与框架结构可简要归纳如下：研究背景→研究动态与文献综述→服务业开放水平的分析→服务业开放与市场竞争加剧对制造业出口技术复杂度的提升效应→知识密集型服务业开放对制造企业出口国内附加值率的提升效应→生产性服务业集聚与贸易开放对制造企业全要素生产率的提升效应→结论与政策建议。

具体地，第1章对研究背景进行了客观描述；第2章对研究现状进行了梳理；第3章综合分析了我国服务业及四川省生产性服务业的开放水平，以展现加入世贸组织后我国服务业渐次开放的科学性与合理性；第4章至第6章则深入分析了在服务贸易成本降低、服务业开放水平提升背景下，集中兑现服务开放承诺与服务市场竞争加剧、知识密集型服务业开放、生产性服务业集聚与贸易开放现象对于我国地区层面出口产品质量、企业层面出口国内附加值率及全要素生产率的影响效应，以明确我国服务业开放的经济红利；第7章对全书进行了总结，明确提高服务业开放水平可以获得哪些社会经济利益，并提出了促进服务业开放的建议与措施。

本书具体的内容分布及研究脉络如图1-1所示。

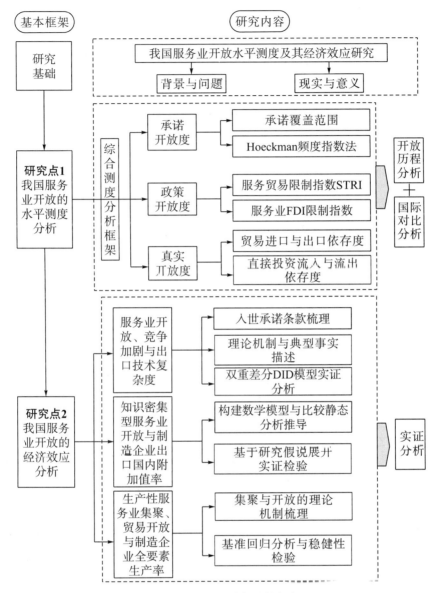

图 1—1 研究思路与结构框架

2 理论回顾

2.1 服务业开放研究的发展态势分析

笔者运用可视化工具 CiteSpace 对国内外发表的相关论文进行文献计量，分析"服务业开放水平分析及其经济效应"的国际研究发展动态，对该领域重点文献以及国际发展态势进行数据梳理，找出尚待进一步研究和解决的问题。首先，从 WOS（Web of Science）数据库和中国知网（China National Knowledge Infrastructure，CNKI）数据库搜集相关的研究文献数据，以"服务业开放"为关键词，进行标题/主题检索，可得到相关文献按照年份、国家、作者等分布的示意图。随后，利用 CiteSpace 软件分析并绘制该领域的研究热点及前沿演进趋势。

在 Web of Science 的 TM 核心集合数据库中，以"服务业开放"为关键词，以标题进行精确检索［TI＝（service industry opening）or TI＝（service opening）］，检索条件的时间截至 2021 年 2 月。首先，经检索可得到 915 条信息，服务业开放的发文趋势如图 2-1 所示。由图不难发现，整体上学界对服务业开放领域的年度研究文献数量在逐年增加，这表明近年来服务业开放的研究在持续发展。其次，通过 CiteSpace 工具对在 WOS 数据库检索得到的文献核心关键词进行主题分布识别，即识别不同类别的关键词聚类分布。这里，选取前五大聚类的研究热点限定，不难发现服务业开放在工业物联网（group0）、顾客对商家 C2B（group1）、阳光法案（group2）、网络功能虚拟化（group3）及水平评估（group4）这五个领域出现了研究集中点。进一步分析第四个区域，即水平评估，其关键词有 frequency analysis、services restriction index、investment restrictions、differential instrument method 等，即频度分析、服务限制指数、投资限制、量差工具法等，故在服务业开放水平评估上这些主题是重点的研究方向。再次，在研究国家的分布上，该领域的研究者主要集中在美国、中国（港澳台除外）、英国、意大利、西班牙、澳大利亚和印度这几个国家，而这些国家均为服务贸易进出口及投资排名较为靠前的国家，对于服务规则的制定及开放水平的分析关注自然较多。其中，美国学者的研究成果最多，其次是中国，这表明中国研究学者对于服务业开放的关注度是较高的。由此可见，针对服务业开放水平的分析也是其开放问题中的重要环节，其相关研究成果也较多。

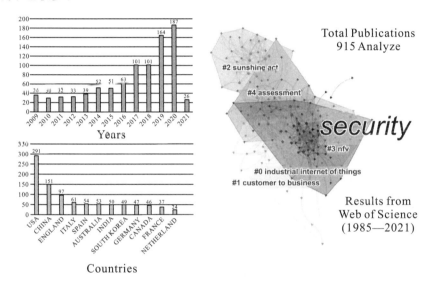

图 2−1　WOS 数据库关于服务业开放的发文趋势

资料来源：笔者使用 CitcSpace 软件绘制。

在中国知网的知识元检索中，以"服务业开放"为关键词，在核心期刊（SCI、EI、CSSCI、北大核心）范围内进行指数检索，检索时间设置截至 2021 年 12 月，可搜索到 449 篇期刊文献，其发文的年度趋势如图 2−2 所示。

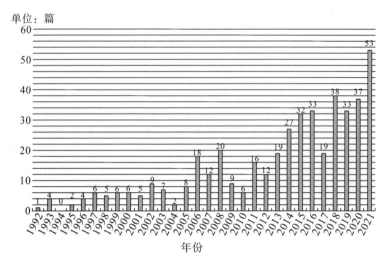

图 2-2 中国知网服务业开放研究的年度发文趋势

资料来源：根据中国知网的文献数据整理绘制。

由图 2-2 不难发现，服务业开放的研究文献量呈波动上升的趋势，这表明近年来服务业开放话题将持续成为学者的研究热点。

如图 2-3 所示为服务业开放的研究热点，其中关键词的出现频次（即一段时间内研究者对该问题的关注热度）与图中的十字架大小成正比。从关键词聚类图谱可发现，服务业、制造业、服务贸易、服务业开放的研究频次较高。另外，从关键词聚类分析来看，服务业、服务贸易、中国服务贸易、国民待遇及服务业开放为前五大研究热点。由此可见，服务业开放的研究与贸易、制造业协同关联紧密，这也是后续研究的重点。

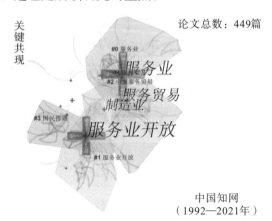

图 2-3 CNKI 数据库服务业开放关键词聚类图谱

资料来源：笔者利用中国知网文献数据，使用 CiteSpace 软件绘制。

2.2 国内外研究现状梳理

回顾相关文献，早期就有不少学者研究贸易开放的问题，且尤其关注贸易自由化对产业发展的影响。有的学者从贸易自由化出发，研究贸易自由化对生产效率（Amiti 和 Konings，2007；余淼杰，2010；Yu，2015）、出口倾向与规模（Nordas 和 Rouzet，2017；孙浦阳等，2018）、成本加成率（余淼杰和袁东，2016；毛其淋和许家云，2017；祝树金等，2018；李宏亮和谢建国，2018）、研发创新（田巍和余淼杰，2014；陈雯和苗双有，2016；陈维涛等，2018）以及产品质量（Fan 等，2015；周茂等，2016；施炳展和张雅睿，2016；余淼杰和李乐融，2016）等的影响；还有的学者以我国加入世贸组织为临界点，评估加入世贸组织对我国经济的影响（毛其淋和许家云，2016；刘啟仁和黄建忠，2016；毛其淋和许家云，2018）。相比之下，针对我国服务业开放对产业发展的研究数量相对较少，但也呈逐年上升之势，其研究成果颇丰。基于本书的研究主题，本章主要针对我国服务业开放水平分析、服务业开放与制造业出口技术复杂度、服务业开放与制造企业出口国内附加值率及服务业集聚、贸易开放与制造企业全要素生产率这四个方面的前期相关研究文献进行综述。

2.2.1 我国服务业开放水平分析的相关研究

随着全球服务贸易自由化浪潮的兴起以及我国服务业在改革开放 40 多年中的快速发展，服务业对外开放对我国国民经济的重要作用愈加显现，服务业开放在我国对外发展战略中的地位也在不断上升。基于此，国内外涌现出了大量关于服务业开放水平分析的研究文献。目前，学者对于服务业开放水平的测量方法不一，可用频度指数法、量差指数法及价差指数法等方法，从服务贸易进出口、国际资本流动及政策性条款等角度进行衡量。现有关于服务业开放水平分析的研究文献，大致可从两个维度对其衡量方式进行划分。

第一个维度可按照承诺开放度、政策开放度和真实开放度将开放水平划分为三种类型。具体地，第一种类型主要是基于 Hoeckman（1995）的频度分析法进行改良或变形，其核心思想就是计算一个经济体在世贸组织的服务贸易协定中承诺开放的服务业部门数量在总服务业部门数量中的占比情况，可称为承诺开放度。第二种类型主要考察一个经济体在服务业开放政策的实际执行过程中的开放程度，如世界银行（The World Bank）以及经济合作与发展组织（Organization for Economic Co-operation and Development，OECD）基于各国已实施的服务开放政策而构建的服务贸易限制指数、服务业外商直接投资（Forergn Direct Investment，FDI）限制指数等，可称为政策开放度。第三种类型则是基于服务贸易进出口数据及外商直接投资流入额与流出额，计算出相关的依存度，如服务贸易依存度、服务业外资依存度，这可反映一个经济体服务业开放措施所带来的实际经济效应，可称为真实开放度。

第二个维度则将开放水平按照直接测度法与间接测度法划分为两种类型。其中，直接测度法作为事后指标，具有一定的客观性，但在进行具体计量回归分析时容易存在较大的联立内生性问题；而间接测度法作为事前指标，能够较好回避因双向因果导致的内生性问题，但易受研究者指标构建主观性的影响。具体地，在直接测度上，测算方式主要是从结果视角出发，不仅包括服务贸易依存度、服务业贸易渗透率、服务业外商直接投资依存度及外商投资渗透率等计算指标（Amiti和Konings，2007），还包括各类权威经济机构所编制的服务业改革指数（Bas和Causa，2013；齐俊妍和高明，2019a，2019b），以及使用《中国入世协定书》①等政策文本资料进行的较为简单的统计分析（盛斌，2002；刘戒骄，2002）。在间接测度上，测算方式主要是从源头维度出发，利用服务业的非关税壁垒进行分析，具体包括频度指数法、价格法和数量法。对于频度指数法而言，最初是依照世贸组织各成员国在服务贸易总协定下的承诺时间表，对各国在特定服务提供方式及部门项下具体限制性水平大小进行权重赋值（开放/约束因子），但该测算方式的缺点是主观性较强（Hoeckman，1995）。基于此，Roy等（2006）利用该测算方式，通过对29个世贸组织成员方的协定承诺与多哈回合要价进行对比，以探查出部门开放水平的发展变化。随后，Miroudot等（2010）也使用该方法全面考察了涉及四种服务提供模式在内的56个区域服务贸易协定的承诺水平。此外，国内学者盛斌（2002）、黄建忠和袁姗（2011）、周念利（2013）、白洁（2015）、夏杰长和姚战琪（2018）等均借鉴频度指数分析法对我国服务业自由化水平进行了相应分析。对于价格工具与数量方法而言，学者主要针对边境内管制措施进行分析，考察一国（地）服务业市场的管制程度是否得到了放松。其中，世界银行于2012年、经合组织于2014年相继发布的服务贸易限制指标（Services Trade Restrictiveness Index，STRI），以及经合组织于1998年制定的产品市场管制

---

① 由上海人民出版社于2001年公开出版，编者为《中国入世协定书》翻译组。

指标（Product Market Regulation，PMR），均是该领域内具有代表性的度量指标。国内学者黄金金（2011）、吴飞霞（2015）、孙蕊和齐俊妍（2017）、程大中等（2019）、张丽等（2021）均采用该方法对我国服务贸易开放及限制壁垒进行了分析。

在测算我国服务业开放水平时，国内学者往往采用多种方法进行综合分析。早期，盛斌（2002）利用 Hoeckman 的频度指数分析法，根据《中国入世议定书》及其相关附件，从最惠国待遇、市场准入及国民待遇等方面，对我国服务贸易总体及各服务部门的具体承诺进行了量化评估与分析。此后，黄建忠和袁珊（2011）率先将 Hoeckman 频度分析法中的服务贸易承诺自由化指标进行细化，即将原先的 0、0.5 和 1 三个等级细分为 0、0.25、0.5、0.75 和 1 五个等级，在此基础上分析了中国大陆与台湾地区的服务贸易自由化指数。随后，在加入世贸组织十年之际，樊瑛（2012）从我国服务业开放的时间、空间、结构及模式四个维度，采用五个指标综合测量了我国服务业整体的开放水平，这五个指标包括了服务业对经济的贡献度、我国服务业对世界服务贸易的贡献度、服务贸易依存度、服务业外商直接投资依存度及服务贸易开放度指数。刘庆林和白洁（2014）结合服务贸易特点、服务部门的经济地位、开放程度及承诺数，基于修正的 Hoeckman 频度分析法对我国服务贸易大中小三类部门进行了贸易壁垒的测度分析，得出了我国服务贸易壁垒的频度指标。白洁（2015）基于修正后的 Hoeckman 频度分析法，测算并对比了我国与美国在服务业开放水平上的差异及具体的限制情况，结果发现两国服务贸易开放度差距并不大。姚战琪（2015a、2015b、2018）先后采用服务贸易依存度、服务业外资开放度、服务业海外投资指数及所构建的服务业真实开放度，从我国服务业整体及分部门的开放水平进行分析，认为我国服务业的总体开放程度仍较低。另外，在我国改革开放 40 年之际，夏杰长和姚战琪（2018）借鉴 Hoeckman 的指数分析法，针对我国服务业开放的发展历程，测算并分析了我国各地区、各服务部门的自由化指标。万红先等（2019）基于修正的 Hoeckman 频度分析法，测算了我国服务业分部门的开放度水平，结果发现虽然我国在商业存在与自然人流动上仍有相对严格的限制，但整体的服务业开放水平是在不断提高的。吕刚和林佳欣（2019）同时考虑了国外分支机构（Foreign Affiliates Trade in Services，FATS）统计口径（覆盖了商业存在模式）与国际收支（Balance of Payments，BOP）统计口径（覆盖了跨境交付、境外消费以及自然人流动三类模式），从而考察在这两种服务统计口径下我国服务业的实际开放度，经过测算发现我国服务业开放程度在国际上处于较低水平。此外，学者孙浦阳等（2018）、邵朝对等（2020 和 2021）还从外资管制视角，利用国家发改委颁布的《外商投资产业指导目录》中的持股限制条款，根据外资参股比例限制的约束规定，通过构建外资参股开放指数来衡量我国服务业的开放水平。

2.2.2 服务业开放、竞争加剧与制造业出口技术复杂度的相关研究

现有文献对于出口技术复杂度的研究大致可划分为两类，一类着重于出口技术复杂度的相关测算，另一类则侧重于考察其影响因素。

第一，在出口技术复杂度的测度上，Lall 等（2006）率先提出了出口技术复杂度指数的测算，可用以衡量一国（地）的出口贸易结构与技术水平。该指数值越大，表明该国（地）出口产品的贸易结构越复杂，技术含量越高，相应的产品出口竞争力也越强。但是，该方法在测算时是以各国（地）某产品的出口额占世界该产品出口额的比例为权重，易高估贸易大国而忽视贸易小国的作用。随后，Rodric（2006）与 Hausmann 等（2007）为克服该问题，先后提出了修正的出口技术复杂度指数测算方法，在测算时先以各国（地）显示性比较优势指数作为权重计算出技术复杂度，再以各国（地）产品出口份额作为权重计算出加权的各国（地）出口技术复杂度，可客观且综合地反映该国（地）的出口国际竞争力。Amiti 和 Freund（2008）指出，在测算出口技术复杂度时若忽略进口中间品的影响，将使得测算的结果高于实际水平。然而，由于我国加工贸易占比较高，这就使得传统的计算方法在测算出口技术复杂度时容易出现高估问题。鉴于此，姚洋和张晔（2008）在测算时引入了投入产出表，将进口中间品进行剔除，以得到我国出口产品的国内技术含量（即净出口技术复杂度）。并且基于 1997—2002 年间的数据重新进行测算，结果发现除广东省的出口国内技术含量呈先降后升的"V"型变化外，其余地区均出现了下滑趋势。Xu（2010）认为前期学者在测算我国出口技术复杂度时，并未充分考虑产品差异，这易高估其复杂度；而采用我国人均 GDP 进行衡量，则易低估其复杂度，因而需对这两种偏误进行修正。在采用我国 9 个沿海地区的人均 GDP 替代全国人均 GDP，并且考虑产品的质量差异后，Xu（2010）再次进行了测算，研究结果显示我国的出口技术复杂度与其经济发展水平相一致，并非异常值。邱斌等（2012）利用全球 102 个主要国家的贸易数据，进一步测算了 2001—2009 年我国制造业中 24 个二位码行业的出口复杂度，测算结果显示大多数制造行业的出口技术复杂度呈上升趋势。祝树金和张鹏辉（2013）考虑到我国的加工贸易占比巨大，存在大量进口中间品的客观事实，认为需结合投入产出表来构建出口复合技术含量、国内技术含量及国内技术含量贡献指数三类指标，

进而再去测算我国 1992—2010 年间制造业的相关指数。

第二，在出口技术复杂度的影响因素分析上，Wang 和 Wei（2008）及 Xu 和 Lu（2009）分别利用我国城市出口产品数据以及我国海关数据，考察了外商直接投资对我国出口技术复杂度的影响，研究发现来自发达国家的外商直接投资占比越大，就越能提升出口技术复杂度，而人力资本、加工贸易也是重要的影响因素。王永进等（2010）利用 1995—2004 年间贸易数据测算了 101 个国家（地区）的出口技术复杂度，并在此基础上实证分析发现良好的基础设施建设能够显著提升样本国的出口技术复杂度，且对技术含量高的复杂产品促进作用更大；此外，人力资本、贸易开放度及外商直接投资均能显著提升出口技术复杂度。祝树金等（2010）利用 1992—2006 年间跨国面板数据，分析发现资本劳动比、人力资本、研发投入、外商直接投资及进口贸易均能显著促进出口技术复杂度，而自然资源禀赋则不利于出口技术升级，但自然资源禀赋在与制度质量交互作用时能促进出口技术升级。戴翔和金碚（2014）利用 1996—2010 年 62 个国家（地区）的出口技术复杂度，实证分析发现制度质量、融入产品内国际分工程度及两者的交互项均能显著促进出口技术复杂度的提升，从而证明了制度红利在新一轮开放中的重要性。盛斌和毛其淋（2017）从企业与行业进行实证考察，发现进口贸易自由化可通过研发创新来显著提升企业层面的出口技术复杂度，中间品关税减让通过种类效应，最终品关税减让通过竞争效应，均可提高企业出口技术复杂度，且前者的促进作用更大。此外，进口贸易自由化还能通过资源再配置来促进行业层面的出口技术复杂度。张雨和戴翔（2017）利用 2002—2013 年 86 个国家（地区）的跨国面板数据，实证分析发现外商直接投资、制度质量及两者的交互项均可显著促进服务出口复杂度的提升。此外，经济发展水平、人力资本、创新能力、基础设施及服务贸易开放度对服务出口复杂度也有积极影响，而人口规模与服务业发展规模的影响尚不显著。李俊青和苗二森（2018）基于不完全契约，构建了制造商与供应商间的均衡博弈，使用工业企业与海关合并微观数据库实证分析了知识产权保护对企业出口技术复杂度的促进作用，尤其是对于契约密集度高及非国有企业的作用。戴魁早（2018）利用 1995—2015 年我国高技术产业地区层面数据，实证分析了技术市场发展对出口技术复杂度的影响与作用机制，发现技术市场发展可通过增加研发投入、推动技术转化与增强技术溢出渠道来显著提升高技术产品的出口技术复杂度，且对东部沿海地区、技术密集度高、外向度高及垂直专业化程度高的企业的促进作用更为明显。

第三，近年来学者开始对服务业开放、竞争加剧与出口技术复杂度之间的关系进行研究，但相关的研究成果数量还有待进一步提高。对于服务业开放与出口技术复杂度而言，戴翔（2016）通过研究服务业外商投资与贸易进口渗透率，发现服务贸易自由化可显著提升我国制成品的出口技术复杂度。此外，刘艳（2014）及姚星等（2017）认为生产性服务业的开放与进口能够对制造业出口技术复杂度产生明显的促进作用。对于市场竞争与出口技术复杂度的关系研究，祝树金等（2017）发现，市场竞争可显著提升我国工业行业的出口技术复杂度，且在知识产权保护下该促进效应更为明显。另外，余娟娟和余东升（2018）研究发现，行业竞争可促进企业出口技术复杂度的提高，且竞争程度的加剧还能纠正政府补贴对出口技术复杂度的扭曲效应。然而，对于三者间的关系研究较少。基于此，本书在第 4 章将针对服务开放承诺兑现、市场竞争加剧与制造业出口技术复杂度提升之间的关系进行深入分析。

2.2.3 服务业开放与制造企业出口国内附加值率的相关研究

对于出口国内附加值率的研究而言，现有文献主要集中于对附加值率的测算及影响因素的分析两个方面。

首先，在附加值率的测度上，根据数据类型可将测算方法分为宏观层面与微观层面两个维度。前者主要使用国家投入产出表对各个国家或地区的行业层面数据进行测算（Johnson 和 Noguera，2012；Koopman 等，2012、2014），但因其忽略了企业之间的异质性而容易出现加总谬误。后者主要使用中国工业企业与中国海关贸易数据库匹配合并后的企业层面数据进行测算（Hummels 等，2001；Upward 等，2013；张杰等，2013；Kee 和 Tang，2016；毛其淋和许家云，2019）。虽然中国工业企业与中国海关贸易数据库存在样本错配、指标异常、定义不明、变量缺失等诸多问题（聂辉华等，2012），却是国内针对制造企业样本量大、指标众多、较为权威的可用数据，现有文献使用最多的是该数据库 2000—2007 年的数据。根据现有文献的测算结果，学者普遍认为我国制造业仍处于全球价值链的中低端，存在企业出口国内附加值率较低的客观事实。

其次，在影响因素的分析上，现有的相关研究成果颇丰。一部分学者基于国际经济环境与国家政策视角，从基础性因素出发展开分析，如贸易伙伴国的经济发展水平（Upward 等，2013）、外资进入程度（张杰等，2013）、贸易自由化（Kee 和 Tang，2016；毛其淋和许家云，2019）、人民币汇率变动（余淼杰和崔晓敏，2018）等因素。另一部分学者则基于国内特定环境与发展背景视角，从一般性因素出发进行讨论，如制造业上游的行业垄断（李胜旗和毛其淋，2017）、制造业服务化程度（许和连等，2017；龚静等，2019）、国内市场分割（吕越等，2018）、要素市场扭曲（高翔等，2018）、最低工资上涨（崔晓敏等，2018）等因素。

目前，针对服务业开放与制造业出口国内附加值率的现有文献，主要是基于经合组织（OECD）的外商直接投资（Foreign Direct Investment，FDI）管制指数以及我国的《外资投资产业指导目录》相关条款，从外资管制视角来衡量服务业开放；或者基于 BOP 国际收支统计的服务贸易数据，从制造业服务化视角去衡量服务业开放。例如，马弘和李小帆（2018）利用经合组织提供的FDI 管制跨国数据进行统计分析，通过逻辑梳理与数据对比的方式，阐述了以服务业 FDI 开放为代表的服务业开放政策可以通过直接替代效应与隐含贸易效应，以有效增加我国制造业出口产品的国内附加值比重。随后，李小帆和马弘（2019）再次利用经合组织的 FDI 管制指数数据库，从国家—行业维度实证分析发现服务业投资管制会通过直接替代效应与间接替代效应，增加本国制造生产者的国外中间服务投入，从而显著降低制造业出口中的国内增加值比重。邵朝对等（2020）基于外资指导目录，从外资参股开放视角对我国服务业开放水平进行量化，并基于微观企业数据进行实证检验，研究发现服务业开放能够显著提高我国企业出口的国内附加值率，且能通过企业贸易方式的转换来提高行业出口的国内附加值率，而区域性制度环境能够强化该影响。杜运苏等（2021）也利用该指导目录，构建了三个程度的递进服务业开放指数，利用微观企业数据，分析了服务业开放对于企业在出口国内价值链中附加值率及长度的影响，发现服务业开放在总体上既能提高出口的国内附加值率，又能延长国内价值链长度。此外，姜悦和黄繁华（2018）则是从服务业开放所带来的效果，即制造业服务化层面，采用服务业在制造业中间投入的比重来衡量服务业开放水平，并着重考察了服务业开放通过创新能力、产业集聚和垂直专业化三个中介变量对我国出口国内附加值产生影响的作用机制。此外，李宏亮等（2021）则专门针对金融部门，基于世界银行提供的服务贸易限制数据构造金融业开放指数，研究发现金融开放可通过成本加成与研发创新两条路径来缓解融资约束，从而显著提高我国企业出口国内附加值率。

这些前期文献给本书提供了积极有益的借鉴。但一部分文献仅基于行业层面数据而忽略了企业个体的异质性，易存在加总谬误的问题；而另一部分文献则采用事后贸易数据来衡量开放程度，易存在内生性问题而导致回归结果偏误；还有部分文献仅以涉及商业存在即 FDI 形式的较片面的贸易提供方式进行服务业开放水平的考察，测度范围有限。基于此，本书第 5 章采用范围更全面的事前开放政策资料与数据构建开放指标，从而针对知识密集型服务业开放与出口国内附加值率之间的关系进行深入研究。

2.2.4 服务业集聚、贸易开放与制造企业全要素生产率的相关研究

对于制造业全要素生产率的研究，在测算方法上，按照侧重点的不同可将目前流行的方法分为两类。一类是偏宏观的参数估计方法与非参数估计方法，参数估计如索洛余值法、随机前沿分析法，非参数估计如数据包络分析法。另一类则是偏微观的半参数估计方法，包括以下的 OP 方法（Olley－Pakes 方法）、LP 方法（Levinsohnand Petrin）和 ACF（自相关函数）方法。其中，宏观方法侧重于考察全要素生产率对于某国或某地经济增长的作用，而微观方法则更关注全要素生产率对于企业生产决策的影响。一般而言，若观测值为企业层面的样本数据，则常采用半参数方法进行测度，以避免同时性偏误与样本选择性偏误[①]。

具体地，索洛余值法由罗伯特·默顿·索洛（Robert Merton Solow）于1957年提出，在估算出总量生产函数后，利用产出增长率减去各投入要素增长率后的残差进行衡量的方法，也被称为索洛残差法或生产函数法。该方法简单易操作，但由于假设条件较严格，易使测算结果存在一定偏误，难以剔除测量误差导致的影响。随机前沿分析方法（Stochastic Frontier Analysis，SFA）由 Aigner 等（1977）、Meeusen 和 Broeck（1977）提出，后来又由 Bauer（1990）、Kumbhhakar（2000）等学者在原有基础上进行了扩展与丰富。在测算时，可在总量生产函数中加入服从某一分布的随机干扰项，以反映统计噪声，并采用极大似然估计法进行参数估计。此外，该方法可将全要素生产率的增长分解成技术进步、技术效率、配置效率及规模效应等不同部分，以测度各因素的贡献度。但是，该方法易受到生产函数设置形式及随机干扰项分布形式的影响。数据包络分析法（Data Envelopment Analysis，DEA）是由 Charnes 等在 1978 年提出，利用线性规划的方法，根据投入与产出数据构造生产前沿面，以测算全要素生产率。该方法也可用于效率评价。由于该方法仅需投入与产出的信息，而不用事先对生产函数进行设定，因而便于操作，但是也存在未

---

① 同时性偏误指的是要素（资本、劳动等）的投入决策与企业全要素生产率之间存在双向相关所产生的偏误。样本选择性偏误指的是企业资本存量大小会影响低效率冲击时企业是否退出市场的决策问题，即企业退出市场的概率与企业的资本存量之间存在负相关关系，在估算时易低估资本变量前的估计系数。

考虑测量误差与随机因素影响等缺陷。OP 方法是由 Mark Olley 和 Ariel Pakes 于 1996 年提出的，是测算微观企业层面全要素生产率的一种半参数估计方法，可较好地处理同时性偏误与样本选择性偏误。然而，该方法需要满足企业投资与生产率始终正相关的假设条件。若企业的投资为 0，则无法进行估算而会被舍弃掉，这样将导致样本遗漏、样本量减少等问题。随后，为解决 OP 方法的缺陷，Levinsohn 和 Petrin 在 2003 年提出了 LP 方法。该方法以中间投入指标为代理变量，其数值基本为正，故可解决样本被舍弃的问题，降低企业样本的损失程度。加之中间品的调整相对容易，对生产率冲击的影响反应也更为灵敏，故该方法能够有效处理同时性偏误（张天华和张少华，2016），但却无法克服样本选择性偏误。ACF 方法由 Ackerberg 等于 2006 年提出，他们认为 OP 方法与 LP 方法在测算时可能面临劳动投入与非参数估计部分之间的共线性问题而导致估算结果存在偏误。因此，他们认为需要对设定进行修正，即将资本投入决策放在其余生产要素之前，并将劳动投入纳入中间投入函数中，以缓解共线性问题。但该方法包含了劳动力调整成本高及调整时间长的基本假定，可能并不适用于中国劳动力问题研究（张杰等，2016）。

目前，针对生产性服务业的产业集聚与生产率的学术文献较多，国内外学者从专业化分工、降低交易成本、规模经济效应及技术知识外溢等不同视角对它们之间的关系进行了机制分析（Markusen，1989；Eswaran 和 Kotwal，2002；顾乃华，2010；陈建军和陈箐箐，2011；宣烨，2012）。现有文献对于两者关系的分析主要集中在定量检验上，涉及地区及行业层面的分析较多，且具有一定的代表性。例如，盛丰（2014）利用我国 230 个城市 2003—2011 年的样本数据，从竞争效应、专业化效应、学习效应及规模经济效应四种内在机制出发，使用空间计量模型回归分析了生产性服务业集聚对制造业升级的提升作用。随后，余泳泽等（2016）利用 2004—2009 年我国 230 个城市样本数据，采用空间计量模型研究了生产性服务业集聚如何通过空间外溢效应作用于周边地区制造业的生产效率，并估算出该效应的空间衰减边界。基于省、自治区、直辖市数据，张虎等（2017）利用 2003—2014 年我国 31 个地区的就业人数，回归分析了生产性服务业与制造业的协同集聚空间效应。同年，在成本剩余和收益剩余的视角下，刘奕等（2017）利用 2005—2013 年 287 个地级及以上城市样本，采用偏最小二乘估计法，从外部因素阐述并检验了生产性服务业集聚作用于制造业升级的路径及效果。

然而，这些前期文献在衡量制造业效率时大多采用的是城市或地区层面的宏观加总数据，由于忽视了不同企业效率间的异质性问题，易于产生加总谬误。随着异质性企业理论的不断发展与完善，企业间生产率差异可作为企业异质性行为的综合体现的观点，已在学界达成了共识，学者们开始利用微观企业样本进行此类研究。其中，较具有代表性的是宣烨和余泳泽（2017）的研究。他们利用 2000—2007 年工业企业数据库的企业样本，分析发现生产性服务业多样化集聚对制造企业全要素生产率的促进作用更为显著。此外，苏晶蕾等（2018）还从影响机制的定性分析上，将生产性服务业集聚划分为专业化集聚与多样化集聚，从外部性方面深入分析其对制造业升级的机理。

此外，针对服务业贸易开放与生产率的研究成果也较多。例如，Arnold 等（2011）利用捷克数据、Shepotylo 和 Vakhitov（2012）利用乌克兰数据、Bas（2014）利用印度数据、张艳等（2014）利用中国数据以及 Beverelli 等（2017）利用 57 个国家的跨国数据，均研究发现服务业开放可显著促进制造业生产效率的提升。此外，沈鸿和顾乃华（2017）、李杨等（2018）先后针对服务贸易开放与生产性服务业开放，研究了市场开放对制造业全要素生产率的影响。其中，沈鸿和顾乃华（2017）采用制造业中间服务投入的服务开放渗透率及服务贸易限制指数与 1 的差值，来衡量服务贸易的开放水平。李杨等（2018）采用运输、保险、金融、电讯、信息、专利、咨询及其他商业服务共 8 类生产性服务业的进口额与国内生产总值的比值，来分别衡量各生产性服务业的开放度。两者的研究结果均显示，服务贸易开放可显著提升我国制造业全要素生产率，特别是针对保险、金融、专利及其他商业服务开放的促进效应更为明显。陈明和魏作磊（2018）则从"引进来"与"走出去"两个维度，分析了生产性服务业开放对制造业生产率的动态促进效应，但细分行业的开放影响则存在明显差异。

然而，针对产业集聚、贸易开放与企业生产效率的研究文献相对较少。王丽丽（2012a，2012b）先后利用 2001—2007 年及 1985—2007 年我国 27 个省（自治区、直辖市）样本，采用非线性门槛模型回归分析发现，产业集聚对全要素生产率的增长具有非线性的促进作用，且存在贸易开放的门槛效应，其促进效果会随着贸易开放程度的加深而增大。白清（2015）则在全球价值链视角下，分析了生产性服务业的外包、集聚、融合及高级要素投入对制造业升级的内在影响。基于此，本书第 6 章深入探讨了生产性服务业的产业集聚与贸易开放及其相互作用对制造企业全要素生产率的影响。

2.3　本章小结

面对国内经济增速换挡、新旧动能转换困难及产业结构调整阵痛的交织背景，进一步提高服务业开放被视为深化对外开放、实现结构性改革及推动经济高质量发展的重要动力。回顾上述研究视角与研究成果，不难发现，虽然目前针对服务业开放的相关研究已取得了一定成果，但国内对于服务业开放问题的研究大多参照西方研究范式，主要集中于简单测算及从管理学角度探讨企业微观层面的经济效应问题。由此可见，对于服务业开放问题的研究在服务业开放水平综合测度、对产业发展的经济效应及其机制影响等方面，尚有进一步提升的空间。

第一，虽然服务业开放度测算的方法已呈现出不断完善和深入的发展趋势，但缺乏权威性的定性与定量相结合的综合分析方法。随着社会分工的细化，服务业在国民经济增长中的作用日益突显，而国内针对服务业开放程度的分析则缺乏系统性研究。此时，仅采用服务业开放单一衡量方式进行分析就略显不足，有必要将定性与定量相结合，构建全面性、系统化的综合分析框架。故本书提出了服务业开放水平的综合分析框架体系，用以明确现阶段我国服务业的开放水平、对外资限制的程度及行业壁垒的主要特征。

第二，前期文献大多数偏向于国家宏观层面的分析，近几年才开始出现企业层面偏微观的分析。其中仍存在着大量有待深入研究的问题，可从微观层面探索服务业开放对产业经济发展的影响路径。面对当前的全球价值链体系，产业关联不断提高，服务业作为中间投入，其在制造业发展中发挥着日益重要的作用，且对我国外贸的影响效应十分显著。现有文献主要针对服务业本身的数量规模、发展阶段及个别服务部门进行产业关联分析与协同效应研究，而针对服务业开放水平及其开放后的市场竞争、产业集聚等现象对我国出口贸易、企业生产的研究还不足。此外，服务业开放的影响机理与作用过程往往呈现出复杂性与动态性，常受到制度环境、行业特征、企业性质等多种外部因素的影响，故有必要进行相应的中介效应及调节效应分析，以完善其研究内容。因此，沿着"服务业开放、自由度增加→服务市场竞争加剧、知识密集型服务要素投入、服务产业集聚形成→要素积累、配置优化、技术外溢、效率增强→产业经济效应提升"的逻辑脉络，本书还将重点关注服务业开放的三类经济效应。

因此，本书针对服务业开放这一研究对象，将利用现行的政策法规及行业数据，从承诺履行、外资限制等视角切入，系统性地分析其开放水平与开放层次，并以其测算结果为数据基础，全面地衡量服务业开放程度对我国出口产品质量、出口价值增值空间及企业生产效率的影响方式与作用大小，明确服务业渐次开放的科学性及可能获得的开放红利。

3 我国服务业开放水平分析

自改革开放以来，我国的服务贸易进出口数额持续增长，服务业外商直接投资的流入额与服务业对外直接投资的流出额也在不断增加，服务业市场对外开放水平与日俱增。当前，随着我国加入世贸组织承诺表中各项承诺的不断兑现，外资准入的地域限制、股权限制、比例数量限制已渐次取消，外商在经营范围、注册资本、持股比例上的限制也已逐渐放宽。那么，我国服务业开放的水平如何？有哪些变化特征？四川省生产性服务业的开放程度在全国处于什么样的位置？这些都是本章期待回答的问题。

3.1 我国服务业的承诺情况分析

《服务贸易总协定》（General Agreement on Trade in Services，GATS）是世贸组织参照《联合国中心产品分类系统》，结合服务贸易统计与部门开放要求，提出的以部门为中心的服务贸易的分类方法。按照最新的标准（世贸组织将服务贸易细分部门由原来的 155 个调整为现行的 160 个），将服务贸易分为十二个大类、55 个中类、160 个小类①。

3.1.1 我国服务业的整体承诺情况

就我国而言，在《中华人民共和国服务贸易具体承诺减让表》中，我国所

---

① 在具体分类中，有时大类项下无中、小类，如第十二大类其他服务；有时中类项下无小类。故在后文中，针对我国入世服务贸易承诺减让表的分析时，统一用项目数表示所涉及的服务细分类别数量。

承诺的范围涉及世贸组织服务分类中的九个大类共计 93 个项目[①]，而未包括第八大类（健康和社会服务）、第十大类（娱乐、文化和体育服务）以及第十二大类（其他服务）这三个大类。其中，具体减让承诺范围所涉及的服务类型已梳理，如表 3-1 所示。

表 3-1　我国列入承诺表中的服务业细分类别情况

大类	中类	小类项目数
第一大类：商业服务	专业服务	8 个，包括法律服务，会计、审计和簿记服务，税务服务，建筑服务，工程服务，集中工程服务，城市规划和景观建筑服务，医疗及牙医服务
	计算机及其相关服务	4 个，包括与计算机硬件安装有关的咨询服务、软件实施服务、数据处理服务、其他
	房地产服务	2 个，包括涉及自有或租赁资产的房地产服务、以收费或合同为基础的房地产服务
	无运营商的租赁服务	5 个，包括船舶租赁服务、飞机租赁服务、其他运输设备有关的租赁服务、其他机器设备有关的租赁服务、其他
	其他商业服务	11 个，包括广告服务，管理咨询服务，技术测试和分析服务，与农业、狩猎和林业有关的服务，与渔业有关的服务，相关科技咨询服务，设备的维护和修理（不包括船舶、飞机），摄影服务，包装服务，会议服务，其他
第二大类：通信服务	快递服务	1 个
	电信服务	13 个，包括语音电话服务，分组交换数据传输服务，电路交换数据传输服务，传真服务，国内专用线路租用业务，电子邮件，语音邮件，在线信息和数据库检索，电子数据交换（EDI），增强型/增值传真服务，储存及转发、储存及检索，代码和协议转换，在线信息和/或数据处理（包括交易处理），其他
	视听服务	3 个，包括电影和录像带的制作和发行服务、电影院服务、录音

[①]　本章采用世界贸易组织最新的服务贸易分类标准，故存在对 2001 年我国入世时划分准则的调整。例如，金融服务以前被划分为 17 个小类，现在被划分为 23 个小类。故按照 2001 年版本，我国服务贸易涉及九大类的 101 个项目；而按照最新版本，我国服务贸易则涉及九大类的 93 个项目。为便于后文的国际对比，此处将针对最新的划分标准进行分析。

大类	中类	小类项目数
第三大类：建筑与相关工程服务	一般建筑物的建造工程	1个
	一般民用土木的建设工程	1个
	安装和装配工程	1个
	建筑竣工及装修工程	1个
	其他	1个
第四大类：分销服务	佣金代理服务	1个
	批发服务	1个
	零售服务	1个
	特许经营	1个
第五大类：教育服务	初等教育服务	1个
	中等教育服务	1个
	高等教育服务	1个
	成人教育服务	1个
	其他教育服务	1个
第六大类：环境服务	污水处理服务	1个
	固体废物处理服务	1个
	卫生和类似服务	1个
	其他	1个

大类	中类	小类项目数
第七大类：金融服务	所有保险及其相关服务	5个，包括人寿保险，非人寿保险，再保险和转分保，保险中介（如经纪和代理），保险附属服务（例如顾问、精算、风险评估及理赔服务）
	银行和其他金融服务（不包括保险）	9个，包括接受公众存款及其他应付公众资金，各类贷款（消费信贷、按揭信贷、保理业务和融资业务），金融租赁，所有支付及汇款服务，担保和承诺，自行或代客的外汇交易（交易所内及场外交易），自行或代客的可转让证券交易（交易所内及场外交易），所列各项活动的咨询和其他附属金融服务，财务信息的提供和传递、财务数据的处理及相关工作
第九大类：旅游与相关服务	酒店及餐馆服务（包括饮食业）	1个
	旅行社和旅行经营者服务	1个
第十一大类：运输服务	海洋运输服务	2个，包括客运服务，货运服务
	内河运输服务	1个，包括货运服务
	航空运输服务	2个，包括飞机的维护和修理服务，航空运输的配套服务
	铁路运输服务	1个，包括货运服务
	公路运输服务	2个，包括货运服务，公路运输设备的维护和修理服务
	所有运输方式的辅助服务	4个，包括货物装卸服务，仓储及仓库服务，货物运输代理业务，其他

资料来源：世贸组织I-TIP Services中的GATS数据库，经笔者整理而得。

注：这里的开放承诺仅涉及GATS项下的，而未涉及双边及区域贸易协定（RTA）项下的开放承诺。

由表3-1可知，在12个服务大类中，我国的入世服务贸易承诺范围涉及其中的9个，承诺覆盖比率达75.00%；而在160个服务项目中，我国入世服务贸易承诺则涉及其中的93个，承诺覆盖比率达到了58.13%。可见，我国入世服务贸易承诺开放的服务范围已超过了一半。具体地，在涉及的93个服务项目中，商业服务涉及30个，通信服务涉及17个，建筑与相关工程服务涉及5个，分销服务涉及4个，教育服务涉及5个，环境服务涉及4个，金融服务涉及14个，旅游与相关服务涉及2个，运输服务涉及12个。

为便于分析，笔者将我国12个服务部门的承诺减让情况列于表3-2。由表可知，我国在建筑与相关工程服务、教育服务及环境服务三大服务部门中的承诺占比最高，均为100%，表明这些服务部门的承诺开放度最高。而我国在健康和社会服务，娱乐、文化和体育服务及其他服务三大服务部门中的承诺占比最低，均为0，说明我国未对这些服务部门作任何承诺，相应地，其承诺开放度最低。与此同时，我国在分销服务、通信服务、商业服务及金融服务四大服务部门中的承诺占比均高于50.00%，其占比值依次为80.00%、73.91%、65.22%和60.87%，表明我国在这些服务部门相应的承诺开放度较高。对于余下的旅游与相关服务及运输服务两大服务部门而言，其承诺占比分别为50.00%和34.29%。可见，在运输、交通与物流服务领域，我国秉持谨慎的态度。例如，对于内河、铁路及公路运输而言，均仅开放了货运服务而不涉及客运服务，且航空运输均不涉及货运与客运服务。

表3-2 我国12个服务大类各部门的承诺减让情况总览

服务部门	承诺情况		
	承诺项目数（个）	现有项目数（个）	占比（%）
商业服务	30	46	65.22
通信服务	17	23	73.91
建筑与相关工程服务	5	5	100.00
分销服务	4	5	80.00
教育服务	5	5	100.00
环境服务	4	4	100.00
金融服务	14	23	60.87
健康和社会服务	0	4	0.00
旅游与相关服务	2	4	50.00
娱乐、文化和体育服务	0	5	0.00
运输服务	12	35	34.29
其他服务	0	1	0.00
总计	93	160	58.13

数据来源：根据世贸组织 I-TIP Services 中的 GATS 数据库，经笔者计算而得。

3.1.2　基于限制类型与服务提供方式的承诺情况

在服务贸易总协定中，世贸组织划分了四种服务提供方式：跨境交付（模式1）、境外消费（模式2）、商业存在（模式3）及自然人流动（模式4）。在加入世贸组织时，各国（地）需按世贸组织提供的固定格式，采用"服务贸易减让表"加"最惠国豁免清单"的方式，呈现其对服务贸易的承诺减让情况，且需按照 GATS 划分的这四种服务提供方式作出承诺。具体地，各国（地）针对每个服务部门减让或限制的承诺内容与具体措施，均需涉及"市场准入限制""国民待遇限制"以及"附加承诺"。在文字表述上，减让表中是以"没有限制""部分限制"和"不作承诺"三种方式来展示其承诺范围。

这里针对市场准入与国民待遇两类限制，统计出我国各服务大类在四种服务提供方式项下的承诺减让占比情况，具体的统计结果见表3-3和表3-4。在衡量时，没有限制承诺的占比等于部门中没有限制的承诺数除以该部门的承诺总数。其中，由于我国在健康和社会服务，娱乐、文化和体育服务以及其他服务三大服务部门中均未作任何承诺，故这三大部门在"市场准入限制"和"国民待遇限制"项下的四种服务提供方式里均表现为100%的"不作承诺"。对于其余九大服务部门而言，则在不同的限制下表现出异质性的服务提供模式与限制内容。

具体而言，在"市场准入限制"项下，由表3-3可知，对于跨境交付提供模式来说，商业服务、分销服务及旅游与相关服务在跨境交付上主要体现为"没有限制"，其权重占比依次为67.48%、50.00%和100.00%；通信服务、金融服务及环境服务在跨境交付上则以"部分限制"为主，相应地，占比分别是57.14%、80.00%和100.00%；而建筑与相关工程服务、教育服务以及运输服务三大部门在跨境交付上则主要体现为"不作承诺"，前两者的占比均为100%，而后者占比为40%。对于境外消费的提供模式，我国九大服务部门均以"没有限制"为主，其占比的范围介于73.92%～100%。另外，对于商业存在和自然人流动两种提供方式来说，这九大服务部门均表现为以部分限制为主，相应的占比分别介于61.56%～100%以及78.68%～100%。

表3-3 市场准入限制项下我国各服务部门的具体承诺减让占比　　单位：%

服务部门	提供方式					
	商业存在			自然人流动		
	没有限制	部分限制	不作承诺	没有限制	部分限制	不作承诺
商业服务	67.48	11.20	21.32	73.92	4.76	21.32
通信服务	32.35	57.14	10.51	91.45	0.00	8.55
建筑与相关工程服务	0.00	0.00	100.00	100.00	0.00	0.00
分销服务	50.00	25.00	25.00	100.00	0.00	0.00
教育服务	0.00	0.00	100.00	100.00	0.00	0.00
环境服务	0.00	100.00	0.00	100.00	0.00	0.00
金融服务	20.00	80.00	0.00	80.00	20.00	0.00
健康和社会服务	0.00	0.00	100.00	0.00	0.00	100.00
旅游与相关服务	100.00	0.00	0.00	100.00	0.00	0.00
娱乐、文化和体育服务	0.00	0.00	100.00	0.00	0.00	100.00
运输服务	30.00	30.00	40.00	100.00	0.00	0.00
其他服务	0.00	0.00	100.00	0.00	0.00	100.00

服务部门	提供方式					
	商业存在			自然人流动		
	没有限制	部分限制	不作承诺	没有限制	部分限制	不作承诺
商业服务	17.12	61.56	21.32	0.00	78.68	21.32
通信服务	0.00	91.45	8.55	0.00	91.45	8.55
建筑与相关工程服务	0.00	100.00	0.00	0.00	100.00	0.00
分销服务	0.00	100.00	0.00	0.00	100.00	0.00
教育服务	0.00	100.00	0.00	0.00	100.00	0.00
环境服务	0.00	100.00	0.00	0.00	100.00	0.00
金融服务	20.00	80.00	0.00	0.00	100.00	0.00
健康和社会服务	0.00	0.00	100.00	0.00	0.00	100.00
旅游与相关服务	0.00	100.00	0.00	0.00	100.00	0.00
娱乐、文化和体育服务	0.00	0.00	100.00	0.00	0.00	100.00

服务部门	提供方式					
	商业存在			自然人流动		
	没有限制	部分限制	不作承诺	没有限制	部分限制	不作承诺
运输服务	0.00	80.00	20.00	0.00	100.00	0.00
其他服务	0.00	0.00	100.00	0.00	0.00	100.00

数据来源：根据世贸组织I-TIP Services 中的GATS数据库，经笔者计算而得。

在"国民待遇限制"项下，由表3-4可知，在跨境交付上，商业服务、通信服务、分销服务、环境服务、金融服务、旅游与相关服务以及运输服务七大服务部门均表现为以"没有限制"为主，其权重占比介于50.00%～100.00%；而建筑与相关工程服务以及教育服务则在跨境交付上表现为"不作承诺"，其占比均为100.00%。在境外消费的提供模式上，我国这九大服务部门均一致表现为100.00%的"没有限制"，开放度达到最高。而就商业存在的服务模式而言，情况则较为繁杂，对于商业服务、通信服务、环境服务、金融服务以及运输服务来说，主要表现为"没有限制"，其权重占比依次为80.95%、100.00%、100.00%、60.00%和60.00%；对于建筑与相关工程服务来说，则100.00%表现为"部分限制"；对于教育服务而言，则100.00%的表现为"不作承诺"；而在分销服务、旅游与相关服务两大服务部门，则一半表现为"没有限制"，另一半表现为"部分限制"。在自然人流动上，除在旅游与相关服务方面100.00%的"不作承诺"外，其余八大服务部门均100.00%地表现为"部分限制"。

表3-4 国民待遇限制下我国各服务部门的具体承诺减让占比 单位：%

服务部门	提供方式					
	跨境交付			境外消费		
	没有限制	部分限制	不作承诺	没有限制	部分限制	不作承诺
商业服务	100.00	0.00	0.00	100.00	0.00	0.00
通信服务	100.00	0.00	0.00	100.00	0.00	0.00
建筑与相关工程服务	0.00	0.00	100.00	100.00	0.00	0.00
分销服务	50.00	25.00	25.00	100.00	0.00	0.00
教育服务	0.00	0.00	100.00	100.00	0.00	0.00

服务部门	提供方式					
	跨境交付			境外消费		
	没有限制	部分限制	不作承诺	没有限制	部分限制	不作承诺
环境服务	100.00	0.00	0.00	100.00	0.00	0.00
金融服务	80.00	0.00	20.00	100.00	0.00	0.00
健康和社会服务	0.00	0.00	100.00	0.00	0.00	100.00
旅游与相关服务	100.00	0.00	0.00	100.00	0.00	0.00
娱乐、文化和体育服务	0.00	0.00	100.00	0.00	0.00	100.00
运输服务	60.00	10.00	30.00	100.00	0.00	0.00
其他服务	0.00	0.00	100.00	0.00	0.00	100.00

服务部门	提供方式					
	商业存在			自然人流动		
	没有限制	部分限制	不作承诺	没有限制	部分限制	不作承诺
商业服务	80.95	19.05	0.00	0.00	100.00	0.00
通信服务	100.00	0.00	0.00	0.00	100.00	0.00
建筑与相关工程服务	0.00	100.00	0.00	0.00	100.00	0.00
分销服务	50.00	50.00	0.00	0.00	100.00	0.00
教育服务	0.00	0.00	100.00	0.00	100.00	0.00
环境服务	100.00	0.00	0.00	0.00	100.00	0.00
金融服务	60.00	40.00	0.00	0.00	100.00	0.00
健康和社会服务	0.00	0.00	100.00	0.00	0.00	100.00
旅游与相关服务	50.00	50.00	0.00	0.00	0.00	100.00
娱乐、文化和体育服务	0.00	0.00	100.00	0.00	0.00	100.00
运输服务	60.00	20.00	20.00	0.00	100.00	0.00
其他服务	0.00	0.00	100.00	0.00	0.00	100.00

数据来源：根据世贸组织I-TIP Services中的GATS数据库，经笔者计算而得。

3.2 我国服务业的开放情况分析

3.2.1 我国服务贸易限制指数的分析

当前，服务业增加值占世界 GDP 的比重已达 70%，且全球贸易总出口中服务业增加值的占比也已超过了制造业。服务业作为全球经济新的增长极，对其进行贸易管制已备受各界关注。不同于货物贸易的边境限制措施，作为规则密集型的服务贸易更多受到来自国内规制的约束，即更倾向于边境内的限制措施。故世界银行、世界贸易组织、澳大利亚生产力委员会、经济合作与发展组织先后推出了服务贸易限制指数的量化指标 STRI，目的就是量化并对比各国边境内服务贸易限制措施的程度。

其中，经合组织从 2014 年开始发布关于服务业的限制指数数据库，截至 2020 年底，该 STRI 数据库已涉及 46 个国家（包含 37 个经合组织成员国及 9 个非经合组织成员国），跨越 2014—2019 年，包含 22 个服务部门、细分 5 类限制类型的服务贸易限制数据。在各国各服务部门总贸易限制指数的基础上，该数据库还细分出外资准入限制、人员流动限制、其他歧视性措施、竞争性壁垒及监管透明度这 5 种具体的服务限制措施。鉴于该数据库所包含的服务覆盖比例更广，政策统计口径相对统一，并且限制措施均是针对已生效并实施的国家政策、监管措施及法律法规，故本小节将以经合组织的服务贸易限制指数作为政策开放度的评价指标进行相关分析。

在数值上，STRI 指数值介于 [0, 1]，0 代表对贸易完全开放，1 则代表完全封闭。若指数值越大，表明对其的服务贸易限制程度越高，相应地其服务业开放水平就越低；反之则相反。

3.2.1.1 基于总指数的各服务部门 STRI 分析

表 3-5 展示了我国的总体情况，纵观 2014—2019 年的数据可知，在整体上，我国各服务部门的服务贸易限制指数的均值为 0.443。细分到服务部门上，有 9 个服务部门的 STRI 均值大于 0.443，具体包括快递服务、会计服务、广播服务、电信服务、电影服务、法律服务、音像服务、空运服务及保险服务，其 STRI 均值依次为 0.880、0.732、0.702、0.672、0.597、0.512、0.483、0.472 和 0.448。这表明在已生效且实施的限制措施上，我国对上述服务部门设定的贸易壁垒较高。在余下均值小于 0.443 的 13 个服务部门中，有

4 个部门处于 0.200~0.300，包括建筑服务、工程服务、公路运输服务及分销服务，其 STRI 均值依次为 0.230、0.250、0.277 和 0.282；而另外 9 个部门则仍处于 0.300~0.443，如铁路运输服务、计算机服务、海关服务、货运代理服务、设计服务及仓储服务等部门的 SRTI 均值在 0.300~0.400，而海运服务、商业银行服务及货物装卸服务的 SRTI 均值则大于了 0.400。

表 3-5 2014—2019 年我国各服务部门的服务贸易限制指数情况

服务部门	2014 年	2015 年	2016 年	2017 年	2018 年	2019 年	均值	变化幅度（%）
货物装卸	0.45	0.45	0.45	0.45	0.41	0.39	0.433	13.333
仓储	0.35	0.35	0.35	0.35	0.36	0.34	0.350	2.857
货运代理	0.33	0.33	0.33	0.33	0.34	0.32	0.330	3.030
海关	0.32	0.32	0.32	0.32	0.34	0.31	0.322	3.125
会计	0.73	0.73	0.73	0.73	0.74	0.73	0.732	0.000
建筑	0.25	0.25	0.22	0.22	0.23	0.21	0.230	16.000
工程	0.27	0.27	0.24	0.24	0.25	0.23	0.250	14.815
法律	0.51	0.51	0.51	0.51	0.52	0.51	0.512	0.000
电影	0.59	0.59	0.59	0.60	0.61	0.60	0.597	−1.695
广播	0.70	0.70	0.70	0.70	0.71	0.70	0.702	0.000
音像	0.48	0.48	0.48	0.48	0.50	0.48	0.483	0.000
电信	0.67	0.67	0.67	0.67	0.68	0.67	0.672	0.000
空运	0.47	0.47	0.47	0.47	0.47	0.47	0.472	0.000
海运	0.43	0.43	0.43	0.43	0.37	0.33	0.403	23.256
公路运输	0.29	0.29	0.27	0.27	0.27	0.27	0.277	6.897
铁路运输	0.39	0.32	0.29	0.29	0.30	0.28	0.312	28.205
快递	0.88	0.88	0.88	0.88	0.88	0.88	0.880	0.000
分销	0.36	0.28	0.26	0.26	0.27	0.26	0.282	27.778
商业银行	0.41	0.41	0.41	0.41	0.41	0.39	0.407	4.878
保险	0.47	0.45	0.45	0.45	0.44	0.43	0.448	8.511
计算机	0.32	0.32	0.32	0.32	0.34	0.30	0.320	6.250
设计	0.34	0.34	0.33	0.33	0.34	0.33	0.335	2.941
均值	0.455	0.447	0.441	0.441	0.445	0.429	0.443	5.794

数据来源：根据经合组织数据库，经笔者整理而得。

在服务贸易限制指数的发展趋势上，我们可以观察到，我国的服务贸易限制指数均值呈现出波动下降的趋势特征，均值从 2014 年的 0.455 下降到 2019

年的 0.429，变化幅度为 5.794％。该变化趋势表明近几年我国在服务贸易开放水平上有一定程度的提升，这与我国近年来持续完善服务业开放的制度环境，陆续出台服务业开放的政策法规密不可分。具体到 22 个服务部门中，有 14 个服务部门在研究期间的服务贸易限制指数表现出降低特征，有 7 个服务部门的服务贸易限制指数变化幅度为 0，还有 1 个服务部门的服务贸易限制指数表现出上升特征。首先，在指数降低的服务部门中，其变化幅度介于 2.857％～28.205％，降幅排名前六的服务部门分别是铁路运输服务、分销服务、海运服务、建筑服务、工程服务以及货物装卸服务，其降幅依次为 28.205％、27.778％、23.256％、16.000％、14.815％ 和 13.333％。由此可见，对于运输服务、批发零售服务及建筑工程专业服务而言，我国在国际贸易中的对外开放改革是颇具成效的，而其余 8 个服务部门的降幅则不足 10％。其次，会计服务、法律服务、广播服务、音像服务、电信服务、空运服务以及快递服务的变化幅度均为 0，相应地，这些服务部门的限制指数值均较高，表明我国对视听服务、法律及会计专业服务、电信服务及空运快递服务等设置了一定的贸易壁垒。最后，仅电影服务的变化幅度表现出上升趋势，服务贸易限制指数由 2014 年的 0.59 上升到了 2019 年的 0.6，限制程度不降反升，其原因可能是我国在电影行业上对外资准入、人员流动等贸易提供模式设置了较高的壁垒，我国对于电影市场的开放态度较为审慎。例如，近年来相关主管部门出台了"限韩令""限籍令""限薪令"等限制措施。

3.2.1.2　基于具体限制措施的各服务部门 STRI 分析

经合组织数据库根据不同的贸易壁垒与限制模式，将服务贸易限制指数划分为五类限制措施不同的细分限制度指数，具体包括外资所有权和其他市场准入限制、人员流动限制、其他歧视性措施和国际标准、竞争和国有化要求以及监管透明度和管理要求共五大服务贸易限制措施指数。通过计算 2014—2019 年这五类服务贸易限制措施指数值在总 STRI 指数值中的占比，并取年度均值后就可得到各服务部门在这五类限制措施中的权重大小（详见表 3-6），以便于分析我国服务贸易壁垒的主要方式及特征。

表3-6 我国各服务部门的服务贸易限制措施权重占比 单位:%

部门	外资准入限制	人员流动限制	其他歧视性措施	竞争性壁垒	监管透明度
均值	51.37	11.50	10.31	13.32	13.50
货物装卸	35.24	4.60	6.91	27.83	25.43
仓储	34.30	5.70	8.60	17.10	34.30
货运代理	40.41	6.26	9.33	6.26	37.74
海关服务	40.44	6.21	9.31	6.21	37.84
会计	54.70	27.30	5.50	6.80	5.70
建筑	45.36	26.41	13.21	2.72	12.30
工程	51.69	23.33	11.62	2.42	10.94
法律	61.70	28.92	3.85	1.97	3.55
电影	69.22	11.50	10.72	1.67	6.88
广播	76.92	4.30	8.59	5.69	4.50
音像	43.79	13.96	21.94	7.99	12.32
电信	34.20	1.50	4.50	56.60	3.20
空运	52.27	2.07	8.38	31.36	5.92
海运	68.26	12.21	4.88	7.32	7.32
公路运输	61.94	10.58	17.57	3.50	6.41
铁路运输	43.97	9.92	9.92	25.66	10.53
快递	47.75	9.11	4.50	21.62	17.02
分销	56.20	7.20	10.80	7.20	18.60
商业银行	54.39	4.79	12.01	21.58	7.23
保险	55.17	6.72	11.23	22.37	4.51
计算机	54.61	15.13	12.12	6.11	12.03
设计	47.70	15.22	21.35	3.06	12.67

数据来源:经合组织数据库,经笔者整理而得。

注:这里需要说明的是,经合组织数据库显示的指数值均为小数点后两位,故在五类服务贸易限制措施指数值加总时,存在四舍五入情况,可能与总STRI指数值存在0.01的差距。故在计算权重占比时,可能出现五类限制措施权重加总不为100%的情况。因而,此处在权重加总时就出现了97.5%~103.3%范围的情况。鉴于此,笔者针对各服务部门五类限制措施权重值占总权重值的大小再次进行标准化权重计算,使其满足权重值加总后

等于100%的条件。

由表3-6第一行均值数据可知，在整体上，我国服务贸易的外资准入限制模式占比最大，达到了51.37%，占比排在其后的限制措施依次是监管透明度模式、竞争性壁垒模式、人员流动限制模式以及其他歧视性措施模式，其相应的权重占比依次为13.50%、13.32%、11.50%和10.31%。这表明在五类贸易限制模式中，不同服务部门的选择与偏向并不相同。市场准入门槛作为各国（地）在服务贸易协定中谈判的重点与难点，我国也将外资准入限制模式作为主要的服务限制措施。具体而言：

第一，在外资准入限制的贸易壁垒中，具体包括外资持股比例限制、董事会成员或职业经理的当地居民限制、公司数量限制、外资房产及用地的限制等多种具体形式。通过表3-6的权重计算可知，外资准入限制措施类型在我国22个服务部门中的权重占比介于34.20%～76.92%，其中除电信、仓储和货物装卸3个服务部门的权重占比不足40%以外，其余服务部门的占比均在40.41%～76.92%。其中，外资准入限制权重占比排名前五的服务部门分别是广播、电影、海运、公路运输和法律，其占比依次为76.92%、69.22%、68.26%、61.94%和61.70%。并且，在22个服务部门中有21个部门的外资准入限制措施权重居于五类贸易限制措施之首，仅电信服务部门除外。这表明外资所有权和其他市场准入限制是我国绝大多数服务部门实施服务贸易限制的主要方式，同时也是影响这21个服务部门政策开放度与贸易自由化的主要因素。

第二，在人员流动限制的贸易壁垒中，具体包括了国籍或当地居民要求、资质与职业许可证适用限制、劳动力市场3～6个月测试、出入境签证有效期等多个类型。由表3-6可知，人员流动限制措施在细分的服务部门中权重占比介于1.50%～28.92%。其中，采用人员流动限制进行壁垒措施设置较大的服务部门有法律、会计、建筑和工程，其限制权重依次为28.92%、27.30%、26.41%和23.33%。究其原因，主要是因为这些服务部门属于知识密集型行业，对于从业者的专业性资质要求较高，易于采用自然人流动的服务提供模式进行限制，因而人员流动限制也是这些部门实施服务贸易限制的重要方式。与此相反，采用人员流动限制进行壁垒措施设置较小的服务部门则包括电信、空运、广播、货物装卸及商业银行，且这些部门的限制权重占比均小于5%。

第三，在其他歧视性措施的贸易壁垒中，具体包括了政府采购的参与限制、设立公司的名称限制、使用国际或国内标准的限制等情形。由表3-6可知，其他歧视性限制措施在各个服务部门中的权重占比介于3.85%～21.94%。其中，在法律、快递、电信以及海运等服务部门中，其他歧视性措施的限制权重占比均不到 5%。而在音像和设计等服务部门中，其相应的限制权重占比则分别达到了 21.94% 和 21.35%，表明其他歧视性措施同时也是我国音像和设计这两大服务部门重要的贸易限制实施方式。例如，我国对城市规划、园林设计、风景设计、创意设计等领域设置了一定的行业资质要求，如若涉及土地利用、空间布局、城镇划分等规划，则需要通过我国相关政府部门的行政审批。

第四，在竞争性壁垒的贸易壁垒中，具体包括了政府性行业控制的限制、最低或最高资本要求的强制性限制、广告宣传的禁止性或限制性要求等限制方式。由表 3-6 可知，竞争性壁垒限制措施在这些服务部门中权重占比介于 1.67% ~ 56.60%。其中，包括电信、空运、货物装卸、铁路运输、保险、快递和商业银行在内的 7 个服务部门的限制权重占比均大于 20%，表明在这些服务部门中除主要采用外资准入限制模式外，还依赖于竞争性壁垒模式。而诸如电影、法律、工程、建筑、设计和公路运输在内的 6 个服务部门的限制权重占比均不到 5%，表明这些部门所采用的竞争性壁垒较少。这里值得关注的是，在电信服务上，我国实行的服务贸易限制模式主要采用的是竞争性壁垒模式，其限制措施权重占比高达 56.60%。由于电信服务是资本密集型产业，涉及移动网络、手机电话等服务领域，且对基站建设有一定的规划与监管要求，我国对该服务部门采用了以竞争性壁垒为主的贸易限制措施。

第五，在监管透明度的贸易壁垒上，具体包括了注册公司的行政性审批限制、公司财务年报限制、法律披露的限制等措施。由表 3-6 可知，监管透明度限制措施在这些服务部门中权重占比介于 3.20% ~ 37.84%。其中，监管透明度限制措施权重占比排名前四的服务部门分别是海关服务、货运代理、仓储和货物装卸，其权重占比依次为 37.84%、37.74%、34.30% 和 25.43%，占比均超过了 20%。而限制措施权重占比排名末尾的 4 个服务部门分别是电信、法律、广播和保险，其权重占比依次为 3.20%、3.55%、4.50% 和 4.51%，占比均不足 5%。

3.2.2 我国服务业外商直接投资限制指数的分析

经合组织（OECD）根据各个国家对外商直接投资的限制政策进行综合评分，构建了 FDI 监管限制指数。经合组织每年发布相应的《全球外资限制指数》报告，该报告可用于衡量各国各产业的外资政策改革及其影响。截至 2020 年底，该 FDI 限制指数数据库已公布了涵盖 37 个经合组织成员以及 33 个非经合组织成员的共计 70 个经济体，横跨 1997 年、2003 年、2006 年以及

2010—2018 年共计 12 年、包含 8 个服务细分部门的跨国面板数据。其中，FDI 监管限制指数值越小，表明政府对外商直接投资的限制措施越少，相应地其外资政策开放度就越高；反之则相反。

3.2.3.1 我国整体及各大行业的 FDI 限制指数情况

从我国整体及各大行业的 FDI 限制指数来看，由图 3—1 可知，我国全行业外商直接投资限制指数在不断降低，具体从 1997 年的 0.613 下降到了 2018 年的 0.251，降幅高达 59.1%。这表明随着我国入世承诺的逐步兑现，我国对外商直接投资的限制在不断放开，外资境内的自由度在持续提高。其中，初级产业、工业及服务业的 FDI 限制指数分别从 1997 年的 0.665、0.423 和 0.716 依次下降到 2018 年的 0.358、0.089 和 0.316，相应的降幅分别为 46.2%、79.0% 和 55.9%。由此可见，我国工业 FDI 的限制指数降幅最大，其对外资的政策开放水平也最高，其次是服务业，最后是初级产业。不难发现，这与近十年来我国吸引外商投资的行业优惠政策紧密相关。

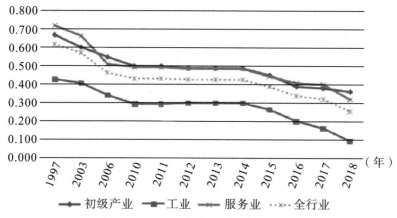

图 3—1 1997—2018 年我国各大行业及整体的 FDI 限制指数

数据来源：经合组织数据库，经笔者绘制而得。

3.2.3.2 我国服务业各部门的 FDI 限制指数情况

首先，从我国服务业细分部门的 FDI 限制指数均值来看，由表 3—7 可知，在传媒服务、通信服务和运输服务三大部门上，我国对外商直接投资的限制程度较高，其服务部门的 FDI 限制指数均值依次为 0.993、0.781 和 0.608。其中，对于传媒服务中的广播电视服务而言，其限制指数在研究期间保持不变，均为 1.000；在其他媒体服务上，投资限制虽有所降低，但限制指数仍达 0.970。此外，在固定及移动电信等通信服务上和在海运及空运等运输服务上，我国对外商直接投资的限制指数均值也都大于 0.7。具体来说，由于传媒与通信行业往往与国家的信息安全紧密相关，广播电视、新闻媒体、报纸杂志是一国文化软实力的象征，而移动网络、电信电话等设备涉及用户信息、商业机密等，故在外商直接投资限制上我国设置了较高的准入门槛。在交通运输服务上，全球大多数国家（地区）在加入世贸组织予以承诺时均对航空与海洋运输的外资准入设置了高限制，我国亦然。与此相反，我国服务部门 FDI 限制指数均值较小的三个部门分别是酒店和餐饮服务、建筑服务以及工程咨询服务，在研究期间其 FDI 限制指数均值依次为 0.160、0.163 和 0.175。对于这三个细分的服务部门而言，我国具有一定的国际竞争力，其比较优势明显，且自 2016 年起我国对这三个服务部门的 FDI 限制指数均已降低到了 0.050，外资投入表现出以股份投资的方式为主。同时，我国在铁路及公路等陆地运输中及在会计与审计服务中，对于外资管制的程度也较低，其 FDI 限制指数在 2018 年时也仅为 0.050，可见是给予了外商投资极大的激励与优惠措施。

表 3-7　1997—2018 年部分年份我国各服务部门及服务业整体的 FDI 限制指数

行业	1997 年	2003 年	2006 年	2010 年	2011 年	2012 年	2013 年
1. 分销服务	0.763	0.763	0.320	0.280	0.280	0.263	0.263
批发	0.750	0.750	0.250	0.225	0.225	0.225	0.225
零售	0.775	0.775	0.390	0.335	0.335	0.300	0.300
2. 运输服务	0.778	0.737	0.622	0.625	0.625	0.625	0.625
陆运	0.775	0.650	0.400	0.400	0.400	0.400	0.400
海运	0.785	0.785	0.785	0.795	0.795	0.795	0.795
空运	0.775	0.775	0.680	0.680	0.680	0.680	0.680
3. 酒店和餐饮服务	0.350	0.250	0.170	0.170	0.170	0.170	0.170
4. 传媒服务	1.000	1.000	1.000	1.000	1.000	0.990	0.990
广播电视	1.000	1.000	1.000	1.000	1.000	1.000	1.000
其他媒体	1.000	1.000	1.000	1.000	1.000	0.980	0.980
5. 通信服务	1.000	0.875	0.750	0.750	0.750	0.750	0.750
固定电信	1.000	1.000	0.750	0.750	0.750	0.750	0.750
移动电信	1.000	0.750	0.750	0.750	0.750	0.750	0.750
6. 金融服务	0.725	0.683	0.548	0.540	0.540	0.522	0.522
银行	0.625	0.500	0.500	0.500	0.500	0.500	0.500

行业	1997 年	2003 年	2006 年	2010 年	2011 年	2012 年	2013 年
保险	0.900	0.875	0.650	0.650	0.650	0.625	0.625
其他金融	0.650	0.675	0.495	0.470	0.470	0.440	0.440
7. 商业服务	0.550	0.450	0.350	0.338	0.338	0.338	0.338
法律服务	0.650	0.750	0.650	0.650	0.650	0.650	0.650
会计与审计服务	0.500	0.500	0.400	0.400	0.400	0.400	0.400
建筑服务	0.500	0.250	0.150	0.150	0.150	0.150	0.150
工程咨询	0.550	0.300	0.200	0.150	0.150	0.150	0.150
8. 房地产投资服务	0.500	0.375	0.375	0.325	0.325	0.325	0.325
服务业整体	0.716	0.660	0.505	0.490	0.490	0.481	0.481

行业	2014 年	2015 年	2016 年	2017 年	2018 年	均值	变化幅度（%）
1. 分销服务	0.263	0.200	0.123	0.103	0.075	0.308	90.17
批发	0.225	0.190	0.105	0.095	0.075	0.278	90.00
零售	0.300	0.210	0.140	0.110	0.075	0.337	90.32
2. 运输服务	0.625	0.527	0.557	0.540	0.407	0.608	47.69
陆运	0.400	0.325	0.275	0.225	0.050	0.392	93.55
海运	0.795	0.595	0.645	0.645	0.420	0.720	46.50
空运	0.680	0.660	0.750	0.750	0.750	0.712	3.23
3. 酒店和餐馆服务	0.170	0.150	0.050	0.050	0.050	0.160	85.71
4. 传媒服务	0.990	0.988	0.985	0.985	0.985	0.993	1.50
广播电视	1.000	1.000	1.000	1.000	1.000	1.000	0.00
其他媒体	0.980	0.975	0.970	0.970	0.970	0.985	3.00
5. 通信服务	0.750	0.750	0.750	0.750	0.750	0.781	25.00
固定电信	0.750	0.750	0.750	0.750	0.750	0.792	25.00
移动电信	0.750	0.750	0.750	0.750	0.750	0.771	25.00
6. 金融服务	0.522	0.517	0.500	0.497	0.268	0.532	63.03
银行	0.500	0.500	0.500	0.500	0.050	0.473	92.00
保险	0.625	0.625	0.625	0.625	0.500	0.665	44.44
其他金融	0.440	0.425	0.375	0.365	0.253	0.458	61.08

行业	2014 年	2015 年	2016 年	2017 年	2018 年	均值	变化幅度（%）
7. **商业服务**	0.338	0.300	0.250	0.225	0.225	0.337	59.09
法律服务	0.650	0.650	0.750	0.750	0.750	0.683	−15.38
会计与审计服务	0.400	0.250	0.150	0.050	0.050	0.325	90.00
建筑服务	0.150	0.150	0.050	0.050	0.050	0.163	90.00
工程咨询	0.150	0.150	0.050	0.050	0.050	0.175	90.91
8. **房地产投资服务**	0.325	0.180	0.110	0.110	0.110	0.282	78.00
服务业整体	0.481	0.440	0.404	0.396	0.316	0.488	55.87

数据来源：经合组织数据库，经笔者整理而得。

其次，从我国服务业 FDI 限制指数的分部门发展趋势来看，由表 3-7 可知，在研究期间服务部门 FDI 限制指数降幅排名前三的部门分别是分销服务、酒店和餐馆服务以及房地产投资服务，其限制指数的降幅依次为 90.17%、85.71% 和 78.00%。具体而言，与现实情况一致，自我国加入世贸组织以来，对批发及零售业的外商限制在逐步降低，外资商业巨头如法国家乐福、美国沃尔玛、德国麦德龙、日本伊藤洋华堂等零售批发超市集团在我国境内的各地区设立了近百家超市商场。在酒店服务上，英国的洲际酒店集团与希尔顿国际酒店集团、美国的万豪国际酒店集团与凯悦酒店集团、法国的雅高国际酒店集团、德国的凯宾斯基国际酒店集团等大型跨国集团在我国设立了多家连锁酒店。在餐饮服务上，诸如星巴克、必胜客、肯德基、麦当劳、汉堡王等国际餐饮集团在我国的店铺更是不胜枚举。在房地产投资服务上，我国对外商投资的限制已取消[①]。例如，新加坡的嘉德置地集团就直接在华设立房地产开发企业，美国的美林集团、罗斯福中国投资基金、Equity International 私募股权公司等则通过收购我国境内房产企业的股份而迅速进入我国的房地产市场。与此相反，服务部门 FDI 限制指数降幅较小的三个部门分别是传媒服务、通信服务和运输服务，其限制指数的降幅依次为 1.50%、25.00% 和 47.69%，2018年时这三个服务部门的 FDI 限制指数仍达 0.985、0.750 和 0.407。

除此之外，近年来在金融服务和商业服务上，我国对于外商投资的限制也在逐渐减少，其 FDI 限制指数降幅分别为 63.03% 和 59.09%。在金融业中，

---

① 2002 年我国取消了外销房和内销房的差别化政策，自此外商在我国境内的房地产投资无任何政策限制。

银行、证券、保险、信托等外资投资门槛已得到实质性的改变，尤其是随着《外资银行管理条例》及《外资保险公司管理条例》的修改，多个外资准入限制条件已被取消。这表明我国的金融市场正在不断开放。在商业服务中，法律服务的外商投资门槛略高，这与我国适用大陆法的司法体系有一定关联。而对于会计与审计服务而言，国际著名的四大会计师事务所普华永道（PWC）、毕马威（KPMG）、安永（EY）和德勤（DTT）早在 20 世纪就入驻我国，前三者均在我国内陆地区设置了 14 个办事处，后者也设立了 15 个办事处。

综上可知，在服务业外商直接投资上，我国已逐步取消了部门限制，外商投资的活力得到激发，为我国的服务业发展提供了良好的外部环境。

3.2.3 我国服务业的综合开放度分析

本节借鉴姚战琪（2015b、2018）对服务业开放度的测算方法进行相应分析。首先，在计算时纳入服务贸易进口（$Simport$）、服务贸易出口（$Sexport$）、服务业外商直接投资流入额（$SFDI$）以及服务业对外直接投资流出额（$SOFDI$）来综合表示服务业的开放情况。该方法既考虑了服务业进出口的贸易依存度，又覆盖了服务业国际投资的影响。其次，采用购买力平价指标计算出我国的国内生产总值（GDP_C），再将其带入公式进行计算，以防止汇率转换带来的 GDP 扭曲。最后，使用乘数 $1/(1-GDP_C/GDP_W)$ 对公式中的规模经济影响进行调整。其中，GDP_W 为按照购买力平价计算的全球生产总值。该指标的数值越大，相应的开放水平就越高，其能够较好地反映一国（地）服务业的综合开放水平。具体地，该开放度的计算公式如下：

$$SOPEN = \frac{Simport + Sexport + SFDI + SOFDI}{GDP_C} \times \frac{1}{1-GDP_C/GDP_W}$$

$$(3-1)$$

3.2.1.1 我国服务业整体的综合开放度情况

将联合国贸易与发展委员会（United Nations Conference on Trade and Development，UNCTAD）数据库及世界银行数据库的历年相应数据整理后带入式（3-1），可得到我国 2005—2018 年的服务业综合开放度，其测算结果绘制如图 3-2 所示。由图 3-2 的发展趋势可知，我国服务业在研究期间的综合开放度介于 8.99%～11.36%。具体而言，研究初期 2005 年时的开放度较高，达到了 11.36%，后受全球金融危机的影响，下降到 2009 年的最低点 8.99%，随后开始了螺旋形的波动性调整，在研究末期 2018 年时的综合开放度变为 9.27%，该变化趋势与多哈回合谈判中各方在服务业开放协定上存在分歧且僵持不定有一定关联。

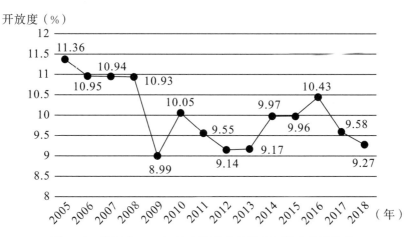

图 3-2　我国 2005—2018 年服务业的综合开放度发展趋势

数据来源：根据 UNCTAD 及世界银行数据库的相关数据，经笔者计算绘制而得。

　　在综合开放度的基础上，根据计算公式可分解出四类依存度的贡献度因子①，即服务贸易进口依存度、服务贸易出口依存度、服务业外商直接投资依存度以及服务业对外直接投资依存度。由表 3-8 可知，在具体依存度的分解上，由贸易数据可得，我国服务贸易进口额对于综合开放度的影响显著大于服务贸易出口额。其中，我国的服务贸易进口依存度介于 2.86%～4.15%，而服务贸易出口依存度则介于 1.88%～3.53%。并且，在研究期间每年的服务贸易进口依存度均大于出口依存度，这是我国服务贸易年年逆差的情况所造成的。对于投资数据而言，除 2015—2017 年的三年外，我国服务业外商直接投资的流入额对于综合开放度的贡献程度大于服务业对外直接投资流出额。其中，我国的服务业外商直接投资依存度介于 1.02%～3.17%，而服务业对外直接投资依存度则介于 0.54%～1.76%。从投资依存度的变化趋势来看，在研究期间我国服务业外商直接投资依存度呈明显的下降趋势，而随着中国企业"走出去"步伐的加快，我国服务业对外直接投资依存度则表现出了螺旋形上

---

　　①　这里的依存度是指各类服务业经济活动值与国内生产总值之比。例如，服务贸易进口依存度 $=\dfrac{\text{服务贸易进口额}}{\text{国内生产总值}}\times100\%$；服务贸易出口依存度 $=\dfrac{\text{服务贸易出口额}}{\text{国内生产总值}}\times100\%$；服务业外商直接投资依存度 $=\dfrac{\text{服务业外商直接投资额}}{\text{国内生产总值}}\times100\%$；服务业对外直接投资依存度 $=\dfrac{\text{服务业对外直接投资额}}{\text{国内生产总值}}\times100\%$。

升的趋势，未来大有服务业的对外直接投资大于外商直接投资的发展势头。

表 3—8　我国 2005—2018 年的各类依存度贡献情况　　　　　　单位：%

年份	服务贸易进口依存度	服务贸易出口依存度	服务业外商直接投资依存度	服务业对外直接投资依存度
2005	3.67	3.43	3.17	0.54
2006	3.66	3.42	2.64	0.64
2007	3.64	3.53	2.35	0.75
2008	3.40	3.16	2.36	1.22
2009	2.86	2.40	1.86	1.11
2010	3.18	2.93	1.88	1.13
2011	3.28	2.66	1.64	0.99
2012	3.30	2.36	1.42	1.03
2013	3.45	2.16	1.29	1.13
2014	4.15	2.10	1.23	1.18
2015	3.95	1.98	1.23	1.32
2016	4.06	1.88	1.20	1.76
2017	3.85	1.88	1.10	1.30
2018	3.86	1.96	1.02	0.95

数据来源：根据 UNCTAD 及世界银行数据库的相关数据，经笔者计算整理而得。

3.2.3.2　我国服务业分部门的综合开放度情况

对于我国各大服务部门的综合开放度而言，这里同样参照姚战琪（2015b、2018）的服务业开放度测算公式进行计算。由于加入了服务部门相关数据，需要对公式内容进行一定的调整。调整后的计算公式如下：

$$SOPEN_i = \frac{Simport_i + Sexport_i + SFDI_i + SOFDI_i}{SGDP_C} \times \frac{1}{1 - SGDP_C/SGDP_W}$$

$$(3-2)$$

其中，$Simport_i$、$Sexport_i$、$SFDI_i$ 以及 $SOFDI_i$ 依次代表了 i 服务部门的贸易进口额、贸易出口额、外商直接投资流入额以及对外直接投资流出额，$SGDP_C$ 和 $SGDP_W$ 分别为经购买力平价调整后的我国服务业增加值与全球服务业增加值。根据 UNCTAD、世界银行数据库以及历年的《中国第三产业统计年鉴》相关数据，利用式（3—2）可计算得出我国 2013—2018 年间服务业细分部门的综合开放度。其计算结果如表 3—9 所示。

表 3-9　2013—2018 年我国细分服务部门的综合开放度情况　　单位：%

部门	2013 年	2014 年	2015 年	2016 年	2017 年	2018 年
运输、仓储和邮政服务	3.46	3.20	2.72	2.40	2.57	2.61
旅游、餐饮和住宿服务	4.49	4.98	7.27	6.08	5.34	5.19
计算机和信息传输、软件服务	0.72	0.83	1.01	1.31	1.31	1.83
金融与保险服务	1.24	1.28	1.17	0.94	0.84	0.86
建筑与房地产服务	1.17	1.38	1.29	1.11	1.02	0.59
科研与技术服务	0.72	0.68	0.65	0.68	0.65	0.66
文化、体育与娱乐服务	0.98	0.91	0.81	0.14	0.08	0.10
其他商业服务	3.96	3.93	3.53	5.06	4.56	4.11

资料来源：根据 UNCTAD 数据库、世界银行数据库以及历年《中国第三产业统计年鉴》的相关数据，经笔者整理计算而得。

由表 3-9 的测算结果可知，在这八大服务部门中①，综合开放度年均值由高到低的部门排序情况依次为旅游、餐饮和住宿服务＞其他商业服务＞运输、仓储和邮政服务＞计算机和信息传输、软件服务＞建筑与房地产服务＞金融与保险服务＞科研与技术服务＞文化、体育与娱乐服务。其中，旅游、餐饮与住宿的综合开放度较高，其开放度指数介于 4.49%～7.27%，在研究期间表现出先升后降的倒"U"型变化趋势，在整体上表现出了较高的贸易及投资自由化水平。而文化、体育与娱乐服务的综合开放度较低，开放度指数仅介于 0.08%～0.98%，且在研究期间呈现出不断下降的发展趋势，这与我国文化意识形态层面的产业保护有关联，设置了一定的贸易壁垒及投资门槛。

---

① 此处需要说明的是，由于服务贸易进出口的部门划分与服务业投资的部门划分存在一定差异，故需对服务业大类进行一定的合并与匹配，以便统一测算的口径。其中，对于服务贸易进出口而言，将保险和金融统一为金融与保险服务，将计算机和信息服务、通信服务统一为计算机和信息传输、软件服务，将广告宣传、电影音像、咨询、专有权利使用费和特许费并入其他商业服务。对于服务业投资而言，将批发和零售、租赁和商务服务、水利、环境和公共设施管理业、居民服务、修理和其他服务业、教育、卫生和社会工作、公共管理、社会保障和社会组织均并入其他商业服务。

3.3 四川省生产性服务业开放水平的测度分析

改革开放 40 多年来，四川从相对封闭的西部内陆腹地发展为当前我国向西向南的开放前沿，形成了位势、通道、枢纽、平台等叠加优势，展现出了典型内陆地区的开放发展特征，并改变着我国原有的"沿海—内陆""中心—外围"的区域经济发展格局。在"四向拓展、全域开放"的立体全面开放新格局态势下，开放作为新发展理念的关键环节，是四川发挥区域比较优势，实现"四化同步、城乡融合、五区共兴"的重要战略。通过集聚更多的高端服务资源，形成更强的服务支撑体系，助力四川省产业转型升级及经济高质量发展。

生产性服务业作为其他产业和服务生产的重要中间投入，具有专业化程度高、知识密集的特点，其重要性持续上升，并已成为整个服务业中占比最高的行业类别（程大中，2021）。要实现将四川从内陆腹地打造为全国开放前沿的目标，从服务要素视角出发，首先就需要科学测算并评估当前四川省生产性服务业开放的水平，为进一步优化四川省的产业发展格局与对外开放路径提供参考依据。因此，立足四川实际情况和发展阶段特征，科学评估四川省生产性服务业的开放水平，就成为四川省全方位开放中亟待研究的问题。

3.3.1 地区开放水平的指标体系构建

从现有成果来看，在服务业开放水平的测度上，基于国家层面的研究较多，可利用《中国入世议定书》《外商投资产业指导目录》等政策文件以及贸易、投资等数据资料进行开放水平的测度。然而，基于省际层面的服务业开放水平研究数量则较少，现有研究主要采用多维度的评价指标进行综合测评，包括专家评分法、主成分分析法、层次分析法、熵权法等（艾建国等，2011；魏静和孙慧，2014；张智裕等，2018）。其中，针对四川省生产性服务业开放水平的测算与对比研究尚显不足，这也凸显了对四川省服务业开放水平进行测度的必要性及迫切性。

3.3.1.1 测算方法与步骤说明

基于测算的科学性、系统性、可比性、导向性、可操作性等原则，本节选取主成分分析法（Principal Component Analysis，PCA）对我国 31 个省、自治区、直辖市（港澳台的资料暂缺）的生产性服务业开放水平进行统一的测度与对比分析，找出四川省生产性服务业开放水平与国内其余地区之间存在的差异，进而判断四川省生产性服务业开放的优劣势。该研究方法的核心思想就是降维，即在尽量不损失原有因子信息的前提下提取出主要因子。与人为主观赋值相比，主成分分析法能够最大限度地在保留指标体系中所有信息的条件下获得综合性的评价指标。

主成分分析法包括五个步骤：第一，对所选指标的各个变量进行无量纲化处理，包括"最小—最大标准化""Z-score 标准化""极大值标准化"和"总和标准化"等多种方法。第二，利用各个细分指标的相关系数矩阵，判断指标间的相关性。若相关系数矩阵显示各指标间存在显著的相关关系，则能够初步判别这些指标可用于因子分析，并能从中提取出具有共同信息的公共因子[①]。第三，利用主成分分析法提取特征根大于 1 的指标，进而得到公因子。第四，计算解释的总方差数据及载荷矩阵，旋转后可得到因子成分矩阵。第五，基于因子得分系数矩阵，对研究个体的某个综合指标进行排序及对比分析。

3.3.1.2 指标选取

基于指标统计口径的一致性及数据获取的可行性，在国内外学者关于服务业开放水平评价指标体系的基础上，参考刘斌等（2018）、仲晓东（2022）等学者的研究思路与内在逻辑，本节选取具有代表性的经济规模、产业基础、对外贸易、投资额度等维度指标，构建我国省际间生产性服务业开放水平测度的评价指标体系。所选取的具体评价指标体系如表 3-10 所示。

表 3-10 我国省际生产性服务业开放水平的评价指标体系

指标	名称	单位
X_1	第三产业增加值	亿元
X_2	第三产业增加值占地区生产总值的比重	百分比
X_3	生产性服务业增加值	亿元
X_4	生产性服务业占第三产业的比重	百分比

---

① 具体地，利用 KMO（Kaiser—Meyer—Olkin）效度检验以及巴特利特（Bartlett）球形度检验，进一步判断该指标体系是否适用于主成分分析法。其中，KMO 检验用于测度各指标间的相关性与偏相关性等相关关系，即数据的可行性检验。KMO 检验值介于 0～1 之间，其值越大表明越适合进行主成分分析，学界一般要求 KMO 值大于 0.7。Bartlett 检验用于检验各指标之间是否相互独立，即判断相关系数矩阵是否为单位矩阵。其原假设为相关系数矩阵为单位矩阵。若检验的卡方值较大，且对应的显著性数值小于 0.5，则拒绝原假设。表明相关系数矩阵不是单位矩阵，原有指标间不是各自独立的，其变量间的相关性较为明显，适合于进行主成分分析。

指标	名称	单位
X_5	人均生产性服务业增加值	元
X_6	第三产业就业人员数	万人
X_7	生产性服务业就业人员数	万人
X_8	生产性服务业就业人员年平均工资	元
X_9	高等受教育人数（含专科、本科及研究生）	万人
X_{10}	研究与试验发展（R&D）人员数	人
X_{11}	地区研发（R&D）经费	万元
X_{12}	有效发明专利数	件
X_{13}	进出口总额（按收发货人所在地统计）	亿美元
X_{14}	外商投资总额	亿美元

3.3.1.3 数据说明

参照宣烨和余泳泽（2017）、郭淑芬等（2020）的行业划分标准，本节中生产性服务业包括批发和零售业，交通运输、仓储和邮政业，信息传输、软件和信息技术服务业，金融业，租赁和商务服务业，科学研究和技术服务业6个部门。此处所使用的原始省际数据来源于《中国统计年鉴（2021）》，全国31个省、自治区、直辖市的统计年鉴以及中经网统计数据库，并经笔者计算整理而得。其中，人均数据按照常住人口进行统计，生产性服务业就业人员数及年平均工资按照城镇非私营单位口径进行统计。

3.3.2 开放水平的主成分提取

这里使用SPSS23.0软件对我国31个省、自治区、直辖市的相关数据进行分析，提取出几个不相关的主要公因子，计算得出四川省生产性服务业开放水平，并探索其与国内其他地区之间存在的差异。

3.3.2.1 数据无量纲化处理

首先，需要对原始数据进行无量纲化处理。为使各指标数据之间具有可比性，此处采用Z-score方法对所选数据进行标准化处理，消除量纲差异所带来的干扰，便于省际生产性服务业开放水平的横向对比。该标准化方法的计算公式如下：

$$Z_i = \frac{X_i - \bar{X}}{\sqrt{Var(X_i)}} \tag{3-3}$$

在式（3-3）中，Z_i 为标准化处理后的值，X_i 为原始值，$\overline{X}$ 为均值，$\sqrt{Var(X_i)}$ 为标准差。原始数据经过标准化处理后，可以得到符合标准正态分布的无量纲数据。

3.3.2.2 相关性检验

其次，需要对处理后的各指标数据进行模型适宜性检验（Kaiser-Meyer-Olkin，KMO）和巴特利特（Bartlett）球形度检验，相应的检验结果如表3-11所示。由检验结果可知，KMO检验统计量为0.730，大于0.7的临界标准；同时，Bartlett球形度检验所对应的显著性通过了5%的检验水平，表明各指标之间存在明显的相关性，该数据适合使用因子分析的方法。

表3-11 KMO和Bartlett检验

KMO取样适切性量数		0.730
Bartlett球形度检验	近似卡方	904.731
	自由度	91
	显著性	0.000

数据来源：由SPSS软件计算而得。

3.3.2.3 提取公因子

在提取公因子之前，首先需要明确各指标之间的共同度。各指标的初始值均为1，提取值越接近于1，表明能被公因子所解释的程度就越大，相应的原始信息损失得就越少。一般而言，提取值不得低于0.6。所选数据经软件处理后得到的公因子方差结果如表3-12所示。由各指标的公因子方差提取值可知，所选取的指标共同度均大于0.6。因此，针对这14个指标所提取的公因子具有一定的研究价值。

表3-12 公因子方差

指标	初始值	提取值
X_1 第三产业增加值	1.000	0.975
X_2 第三产业增加值占地区生产总值的比重	1.000	0.899
X_3 生产性服务业增加值	1.000	0.976
X_4 生产性服务业占第三产业的比重	1.000	0.971
X_5 人均生产性服务业增加值	1.000	0.940
X_6 第三产业就业人员数	1.000	0.918

指标	初始值	提取值
X_7生产性服务业就业人员数	1.000	0.925
X_8生产性服务业就业人员年平均工资	1.000	0.928
X_9高等受教育人数（含专科、本科及研究生）	1.000	0.912
X_{10}研究与试验发展（R&D）人员数	1.000	0.956
X_{11}地区研发（R&D）经费	1.000	0.944
X_{12}有效发明专利数	1.000	0.883
X_{13}进出口总额（按收发货人所在地统计）	1.000	0.942
X_{14}外商投资总额	1.000	0.664

数据来源：由SPSS软件计算而得。

其次，对所选指标进行正交旋转，可得到总方差解释情况，如表3-13所示，该数据给出了公因子的特征值及累计贡献率。表中按照默认特征值大于1的标准提取主要因子，并按照方差贡献的大小对各变量进行排序。由总方差解释情况可知，在这14个指标中提取出了3个主要因子。具体地，第一个主因子F_1的特征值为9.293，其解释了56.365%的原始信息；第二个主因子F_2的特征值为2.467，其解释了24.493%的原始信息；第三个主因子F_3的特征值为1.087，其解释了9.385%的原始信息。3个主因子累计方差贡献率达到了90.243%，表明所选的3个主因子能够解释原始数据中90.243%的信息量，在总体上原始信息的损失度较小，对该数据进行分析具有一定的科学性与解释性。

表3-13　总方差解释

因子	初始特征值			提取载荷平方和			旋转载荷平方和		
	总计	方差百分比/%	累计/%	总计	方差百分比/%	累计/%	总计	方差百分比/%	累计/%
X_1	9.293	66.379	66.379	9.293	66.379	66.379	7.891	56.365	56.365
X_2	2.467	17.623	84.001	2.467	17.623	84.001	3.429	24.493	80.858
X_3	1.087	6.241	90.243	1.087	6.241	90.243	1.314	9.385	90.243
X_4	0.674	4.812	95.055						
X_5	0.336	2.401	97.455						
X_6	0.153	1.092	98.547						
X_7	0.096	0.686	99.233						

续表3-13

因子	初始特征值			提取载荷平方和			旋转载荷平方和		
	总计	方差百分比/%	累计/%	总计	方差百分比/%	累计/%	总计	方差百分比/%	累计/%
X_8	0.044	0.315	99.548						
X_9	0.027	0.194	99.742						
X_{10}	0.019	0.134	99.876						
X_{11}	0.010	0.070	99.946						
X_{12}	0.004	0.029	99.975						
X_{13}	0.003	0.021	99.996						
X_{14}	0.001	0.004	100						

数据来源：由SPSS软件计算而得。

最后，由 SPSS 软件绘制出的碎石图如图 3-3 所示。其中，第一个到第三个公因子的碎石图曲线斜率较大，前 3 个公因子的特征值都大于 1。第四个公因子及之后所有公因子的特征值均小于 1，碎石图曲线变幅很小，最后近乎 0，表明能够解释的信息已极为有限。因此，由碎石图可以直观地看出，根据特征值大于 1 的评判标准，在这 14 个指标中提取 F_1、F_2 和 F_3 这 3 个公因子是较为合理且恰当的。

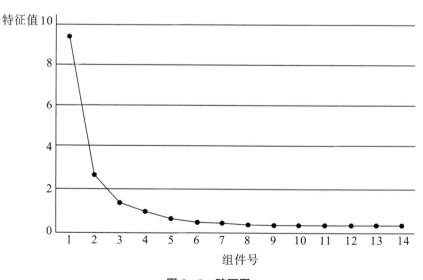

图 3-3　碎石图

3.3.2.4　计算因子载荷

提取公因子后，可得到原有 14 个指标在 3 个公因子上的载荷矩阵。因子载荷矩阵中的数值代表了各个指标在公因子上的载荷。表 3—14 显示了因子载荷矩阵。由表可知，在这 14 个指标中，X_1 至 X_7 中的原始信息集中体现在第一个公因子 F_1 上，其在 F_1 上的载荷最大。X_8 至 X_{12} 的原始信息集中体现在第二个公因子 F_2 上。第三个公因子 F_3 仅由 X_{13} 和 X_{14} 集中体现，但其载荷相对较小。然而，这 3 个主要因子对原指标的识别度较为有限。

表 3—14　因子载荷矩阵

指标	F_1	F_2	F_3
X_1 第三产业增加值	0.978	−0.133	−0.036
X_2 第三产业增加值占地区生产总值的比重	0.875	0.365	0.020
X_3 生产性服务业增加值	0.977	−0.146	0.027
X_4 生产性服务业占第三产业比重	0.844	−0.120	0.495
X_5 人均生产性服务业增加值	0.728	0.622	0.157
X_6 第三产业就业人员数	0.845	−0.451	−0.035
X_7 生产性服务业就业人员数	0.930	0.194	−0.149
X_8 生产性服务业就业人员年平均工资	0.522	0.801	−0.118
X_9 高等受教育人数（含专科、本科及研究生）	−0.283	0.912	−0.007
X_{10} 研究与试验发展（R&D）人员数	−0.116	0.963	−0.123
X_{11} 地区研发（R&D）经费	−0.285	0.929	−0.018
X_{12} 有效发明专利数	−0.198	0.898	−0.192
X_{13} 进出口总额（按收发货人所在地统计）	−0.095	0.074	0.963
X_{14} 外商投资总额	0.190	0.132	0.641

数据来源：由 SPSS 软件计算而得。

为更好地显示各个指标之间的关系，此处使用凯撒正态化最大方差法对因子载荷矩阵进行正交旋转，防止存在同一指标出现多个公因子的情况，从而得到识别度更高的因子载荷，使其识别结果更为明朗，解读性更强。此处旋转后的因子载荷矩阵如表 3—15 所示。

表 3-15 旋转后的因子载荷矩阵

指标	F_1	F_2	F_3
X_1 第三产业增加值	0.937	0.244	0.197
X_2 第三产业增加值占地区生产总值的比重	0.948	0.003	0.029
X_3 生产性服务业增加值	0.925	0.231	0.259
X_4 生产性服务业占第三产业的比重	0.941	0.068	0.286
X_5 人均生产性服务业增加值	0.907	0.255	0.232
X_6 第三产业就业人员数	0.933	−0.101	0.195
X_7 生产性服务业就业人员数	0.918	0.530	0.049
X_8 生产性服务业就业人员年平均工资	0.205	0.939	−0.064
X_9 高等受教育人数（含专科、本科及研究生）	0.080	0.925	0.223
X_{10} 研究与试验发展（R&D）人员数	0.255	0.938	0.108
X_{11} 地区研发（R&D）经费	0.085	0.943	0.216
X_{12} 有效发明专利数	0.155	0.926	0.033
X_{13} 进出口总额（按收发货人所在地统计）	0.119	0.431	0.861
X_{14} 外商投资总额	0.318	0.362	0.882

数据来源：由 SPSS 软件计算而得。

对比表 3-14 和表 3-15 的结果可知，在旋转后各公因子中大部分变量的载荷绝对值基本在 0.9 以上，表明公因子与各指标之间的识别度与相关性很高。因此，可对旋转后的因子载荷矩阵中提取到的 3 个公因子进行命名与解释。

第一个公因子 F_1 的贡献率为 56.365%，解释度最高，其对第三产业增加值（X_1）、第三产业增加值占地区生产总值的比重（X_2）、生产性服务业增加值（X_3）、生产性服务业占第三产业的比重（X_4）、人均生产性服务业增加值（X_5）、第三产业就业人员数（X_6）及生产性服务业就业人员数（X_7）这 7 个指标具有较强的解释力。其中，第三产业增加值、第三产业增加值占地区生产总值的比重以及第三产业就业人员数在一定程度上代表了各个地区服务业的整体规模与发展基础，而针对生产性服务业增加值、生产性服务业占第三产业的比重、人均生产性服务业增加值及生产性服务业就业人员则体现了各个地区生产性服务业发展的经济基础与人员配置。由此可见，公因子 F_1 中的指标从经济规模、产业结构和人员数量的角度对生产性服务业的经济基础进行了解释，反映了地区生产性服务业经济基础面的开放水平。

第二个公因子 F_2 的贡献率为 24.493%，其对生产性服务业就业人员年平均工资（X_8）、高等受教育人数（X_9）、研究与试验发展（R&D）人员数（X_{10}）、地区研发（R&D）经费（X_{11}）及有效发明专利数（X_{12}）这 5 个指标具有较强的解释力。其中，生产性服务业就业人员年平均工资代表了行业的劳动报酬与福利水平，高等受教育人数及研究与试验发展人员数主要体现了高级人力资本的供应与积累，而地区研发经费及有效发明专利数则在一定程度上体现了生产性服务业知识技术要素的投入与产出情况。由此可知，公因子 F_2 中的指标从福利报酬、人力资本和高端要素的角度对生产性服务业的资源禀赋进行了描述，反映了地区生产性服务业资源投入与产出的开放情况。

第三个公因子 F_3 的贡献率为 9.385%，对进出口总额（X_{13}）和外商投资总额（X_{14}）这 2 个指标具有较强的解释力。其中，进出口总额可以反映一个地区与国外贸易商的合作情况，而外商投资总额能够在一定程度上体现该地区对外资的吸引与开放程度。因此，公因子 F_3 中的指标从对外贸易、外商投资的角度对生产性服务业的对外联系进行了刻画，反映了地区生产性服务业对外经贸合作的开放层次。

3.3.3　开放水平测度与对比分析

为测度四川省生产性服务业的开放水平，此处利用成分得分系数矩阵，可计算出各地区在各个因子上的得分，进而计算出我国 31 个省、自治区、直辖市的生产性服务业开放水平综合得分情况，进而可对四川省在各因子上的优劣进行横向对比。

3.3.3.1　开放水平的评价公式

在提取出公因子后，为进一步明确四川省生产性服务业在 3 个公因子上开放水平的具体情况，可对标准化后的数据进行因子分析，从而更好地评价各个地区在各因子上的优劣。表 3-16 为成分得分系数矩阵①，其中指标 X_1 至 X_{14} 的值为标准化后的值。

---

① 利用标准化的值与得分系数相乘，可得出各公因子的得分。

表 3－16 成分得分系数矩阵

指标	F_1	F_2	F_3
X_1 第三产业增加值	0.124	−0.010	−0.012
X_2 第三产业增加值占地区生产总值的比重	0.343	−0.100	0.001
X_3 生产性服务业增加值	0.109	−0.016	0.058
X_4 生产性服务业占第三产业的比重	0.953	−0.033	−0.167
X_5 人均生产性服务业增加值	0.297	−0.091	0.164
X_6 第三产业就业人员数	0.158	−0.135	−0.003
X_7 生产性服务业就业人员数	0.102	0.112	−0.150
X_8 生产性服务业就业人员年平均工资	−0.036	0.323	−0.146
X_9 高等受教育人数（含专科、本科及研究生）	−0.069	0.132	0.024
X_{10} 研究与试验发展（R&D）人员数	−0.004	0.144	−0.109
X_{11} 地区研发（R&D）经费	−0.069	0.137	0.013
X_{12} 有效发明专利数	−0.037	0.169	−0.185
X_{13} 进出口总额（按收发货人所在地统计）	−0.085	0.068	0.108
X_{14} 外商投资总额	−0.010	0.074	0.223

数据来源：由 SPSS 软件计算而得。

根据成分得分系数矩阵[①]，可得到 3 个公因子的得分公式，具体如下：

F_1 的得分 $=0.124X_1+0.343X_2+0.109X_3+0.953X_4+0.297X_5+$

$0.158X_6+0.102X_7-0.036X_8-0.069X_9\ 0.004X_{10}-$

$0.069X_{11}-0.037X_{12}-0.085X_{13}-0.010X_{14}$

$$(3-4)$$

F_2 的得分 $=-0.010X_1-0.100X_2-0.016X_3-0.033X_4-$

$0.091X_5-0.135X_6+0.112X_7+0.323X_8+0.132X_9+$

$0.144X_{10}+0.137X_{11}+0.169X_{12}+0.068X_{13}+0.074X_{14}$

$$(3-5)$$

F_3 的得分 $=-0.012X_1+0.001X_2+0.058X_3-0.167X_4+$

$0.164X_5-0.003X_6-0.150X_7-0.146X_8+0.024X_9-$

$0.109X_{10}+0.013X_{11}-0.185X_{12}+0.108X_{13}+0.223X_{14}$

$$(3-6)$$

① 利用标准化的值与得分系数相乘，可得出各公因子的得分。

开放水平综合得分需利用各因子的特征值与方差，由旋转后的因子载荷矩阵计算出主成分权重。因此，可计算出各主因子在开放水平综合得分中的权重 w_i（即方差百分比/累积贡献率），具体如下：

主因子 F_1 的权重＝56.365/（56.365＋24.493＋9.385）＝0.6246 （3−7）

主因子 F_2 的权重＝24.493/（56.365＋24.493＋9.385）＝0.2714 （3−8）

主因子 F_3 的权重＝9.385/（56.365＋24.493＋9.385）＝0.1040 （3−9）

由此，可得到生产性服务业开放水平综合得分的评价公式为：

$$F = \sum w_i F_i = 0.6246F_1 + 0.2714F_2 + 0.1040F_3 \qquad (3-10)$$

式（3−10）中，F 为综合得分。F 的数值越大，表明该地区的生产性服务业开放水平就越高。

3.3.3.2 开放水平的对比分析

根据式（3−10），代入全国 31 个省、自治区、直辖市无量纲化处理后的数据，可计算得出我国各个地区生产性服务业开放水平的综合得分，并对其分值进行全国排序，相应的得分与排名情况如表 3−17 所示。

表 3−17 主成分与开放水平的评价得分及排名情况

地区	F_1 得分	排名	F_2 得分	排名	F_3 得分	排名	F 得分	排名
广东	2.8334	1	0.3181	6	−0.7755	25	1.7754	1
上海	−0.0266	11	3.3270	2	1.2116	6	1.0123	2
北京	0.0495	10	3.4808	1	0.3125	12	1.0081	3
江苏	1.2158	2	0.1215	8	0.7021	9	0.8654	4
浙江	1.1110	4	0.5045	5	0.2572	14	0.8576	5
山东	1.1528	3	−0.3899	19	1.2161	5	0.7407	6
四川	0.5536	6	−0.4390	22	−0.4157	21	0.1834	7
河南	0.7047	5	−0.9085	31	−0.2222	20	0.1705	8
天津	−0.4940	22	1.0867	3	1.4222	1	0.1343	9
湖北	0.2406	8	−0.3758	18	0.3567	11	0.0854	10
福建	−0.0969	12	−0.1911	11	1.2490	4	0.0175	11
安徽	0.1130	9	−0.5527	26	0.7755	8	0.0012	12
湖南	0.3129	7	−0.5456	25	−0.4734	22	−0.0019	13
海南	−0.5974	25	0.6571	4	1.3544	2	−0.0539	14

地区	F_1 得分	排名	F_2 得分	排名	F_3 得分	排名	F 得分	排名
辽宁	-0.1708	14	-0.2994	14	0.2598	13	-0.1609	15
陕西	-0.1337	13	-0.4527	24	-0.2171	19	-0.2289	16
重庆	-0.4154	20	-0.0060	9	0.1544	16	-0.2450	17
河北	-0.3238	15	-0.6692	30	1.2746	3	-0.2513	18
江西	-0.3641	17	-0.6452	29	0.8777	7	-0.3112	19
广西	-0.4970	24	-0.4000	20	0.6864	10	-0.3476	20
山西	-0.4562	21	-0.5543	27	0.0679	17	-0.4283	21
贵州	-0.3312	16	-0.3426	17	-1.3199	29	-0.4371	22
内蒙古	-0.6028	26	-0.4216	21	0.1936	15	-0.4708	23
黑龙江	-0.3874	19	-0.5851	28	-0.6897	23	-0.4725	24
云南	-0.3872	18	-0.3399	16	-1.5957	30	-0.5000	25
吉林	-0.4965	23	-0.4403	23	-0.6960	24	-0.5020	26
甘肃	-0.7210	27	-0.3354	15	-0.1251	18	-0.5544	27
宁夏	-0.7359	28	-0.2768	12	-1.1573	28	-0.6551	28
青海	-0.8123	29	-0.1650	10	-1.0742	27	-0.6639	29
新疆	-1.0663	30	-0.2850	13	-0.8396	26	-0.8306	30
西藏	-1.1711	31	0.1251	7	-2.7703	31	-0.9856	31

数据来源：由SPSS软件计算，经笔者整理而得。

首先，对于四川省综合得分而言，由表3-17最后两列可知，四川省生产性服务业开放水平的综合评价得分 F 为0.1834，排在全国第7位，综合得分低于广东、上海、北京、江苏、浙江和山东。在西部地区中，四川省是唯一综合得分进入排名前十的地区。2021年9月，四川省发布了《四川省生产性服务业重点企业供给清单》，该清单致力于提升社会化产业协作水平，从而加快推进产业链及供应链的现代化建设。在产业类别上，该清单涵盖了生产性服务业的主要门类，具体的清单条目涉及工业设计服务22条、研发服务59条、工业物流及供应链管理28条、检验检测认证服务39条、信息技术服务71条、节能与环保服务29条、生产性服务业支持服务13条、生产性金融服务8条、生产性租赁服务6条、人力资源管理与职业教育培训服务39条。在制造支持上，该清单涵盖了四川省省内整个"5+1"现代工业体系，清单条目所服务的制造行业涉及电子信息产业 120 条、能源化工产业 56 条、装备制造产业 55 条、先进材料产业 12 条、食品饮料产业 6 条、数字经济产业 5 条，其他产业 26 条。由此可见，在积极推进全国产业融合发展示范区的建设上，四川省通过生产性服务业与先进制造业的深度融合，创建并实施了国家"两业融合"的试点，发展了服务型制造，培育智能制造、绿色制造、云制造等高新产业。同时，为进一步深化国家服务贸易创新发展试点，四川省基于文化、数字、中医药等国家服务出口基地等优势，重点聚焦于优势产业和重点示范区建设，健全以贸易便利、投资便利为重点的政策制度体系，探索出了服务业开放发展的新业态、新模式和新路径。作为国家数字经济创新发展试验区，四川省生产性服务业发展迅速，知识化、集约化、标准化、品牌化已基本形成，并与制造业之间形成了良好的协同融合、相互促进的关系。

其次，对于四川省各个公因子而言，第一个公因子 F_1 反映的是地区生产性服务业经济基础面的开放水平，具体涉及第三产业增加值、第三产业增加值占地区生产总值的比重、生产性服务业增加值、生产性服务业占第三产业比重、人均生产性服务业增加值、第三产业就业人员数、生产性服务业就业人员数等指标。由表 3－17 第 2 列和第 3 列可知，四川省生产性服务业开放的第一个公因子得分为 0.5536，排名居于全国第 6，虽然低于广东、江苏、山东、浙江和河南，但仍优于我国其余 25 个地区，可见四川省在经济基础面的开放上具有一定的比较优势。由于第一个公因子 F_1 在综合得分中的权重为 62.46％，占比最大，同时第一个公因子 F_1 中生产性服务业占第三产业的比重指标 X_2 权重系数也是最大的，故四川省应注重提高生产性服务业在经济中的占比，从而缩小与生产性服务业开放体系较为完善地区间的差距。第二个公因子 F_2 反映的是地区生产性服务业资源投入与产出的开放情况，具体涉及生产性服务业就业人员年平均工资、高等受教育人数、研究与试验发展（R&D）人员数、地区研发（R&D）经费、有效发明专利数等指标。由表 3－17 第 4 列和第 5 列可知，四川省生产性服务业开放的第二个公因子得分为 －0.4390，排名居于全国第 22 位，低于全国平均水平。在该公因子中，生产性服务业就业人员年平均工资指标 X_8 的权重较大，故四川省应提高对生产性服务业就业人员的工资报酬，吸纳更多高端人力资本，提升该行业整体的服务质量。第三个公因子 F_3 反映的是地区生产性服务业对外经贸合作的开放层次，具体涉及地区的进出口总额与外商投资总额。由表 3－17 第 6 列和第 7 列可知，四川省生产性服务业开放的第三个公因子得分为 －0.4157，排名位于全国第 21 位，同样低于全国平均水平，故四川省对于国际经济与合作的力度仍有待加强。鉴于外商投

资指标 X_{14} 在该公因子中的影响权重较大，故四川省可借助成渝双城经济圈建设的契机，进一步推动四川省域的对外开放与合作力度，继续扩大招商引资的规模并提升引资质量。

最后，从全国 31 个省、自治区、直辖市生产性服务业的开放水平综合评价结果来看，我国生产性服务业开放水平排名前三的地区依次是广东、上海和北京，而排名末尾的三个地区则为西藏、新疆和青海。具体地，我国东部地区的生产性服务业开放水平综合得分明显高于中西部地区，在开放水平排名前十中就有 7 个地区处于东部地区。其中，广东省作为粤港澳大湾区区域发展的核心引擎，陆续出台了《关于加快发展生产性服务业的若干意见》等政策支持文件，并将生产性服务业发展作为产业结构调整的重点内容，其互联网等新兴服务业发展迅猛。上海市作为长三角城市群的核心城市，对外经济开放程度一直处于全国领先地位，高端服务类的人力资本储备雄厚，能够满足生产性服务业发展及开放的多维需求。北京市作为我国首都，是国家政治、经济、文化的中心，发展生产性服务业的时间也较早，生产性服务业增加值占北京市生产总值的比重已超过了 50%，对周边城市的辐射能力较强。江苏省与浙江省两省的生产性服务业开放水平相当，在东部沿海省份中的对外开放程度较高，江苏省的省会南京市是我国东部地区重要的中心城市，而浙江省的省会杭州市则是我国重要的互联网中心城市，在数字化服务行业上的优势明显，两市均是长三角城市群的副中心，承担着推进我国高水平对外开放、衔接亚太、服务国内的辐射带动功能。山东省自古便是我国文化与教育的中心，海洋及矿产资源丰富，且是我国唯一一个拥有 41 个全部工业大类的制造大省，山东省对生产性服务业的需求旺盛，将现代服务业与先进制造业进行深度绑定是山东省产业融合共生的重要举措。天津市作为我国北方对外开放的门户城市，处于北方航运、物流的中心位置，在交通运输、商务服务等生产性服务领域的发展与开放上具有明显的比较优势。此外，在排名前十的地区中，中部地区仅河南省与湖北省两地上榜。其中，湖北省作为我国经济地理的中心，是周边地区商品与服务聚散的枢纽，其省会武汉市是我国中部地区的中心城市，也是长江中游航运中心，高校云集，是中部地区的智力密集区之一，地理位置与人力资本的优势显著。河南省作为链接我国南北重要的交通枢纽，其省会郑州市的境内外双枢纽、沿途多点集疏格局已初步形成，具有发展生产性服务业所需的基建优势与创新条件，且中欧班列已进入常态化运营阶段。

3.4　本章小结

自加入世贸组织以来，我国服务业不断开放，外资准入及市场化改革步伐持续加快。在产业发展上，服务业开放可通过有效衔接生产网络，进而达到产业间生产要素共享、人才共享、技术共享的目的，降低企业的交易成本与资金风险，进而对国民经济产生积极的外部影响，促进产业间的协调融合与高质量发展。那么，如何利用客观资料与统计数据来综合反映我国服务业开放的典型事实，从而为后续的机制及效应研究提供数据基础，就显得尤为迫切。

具体地，本章首先回顾了我国服务业在入世服务贸易承诺中的具体内容，并细分服务部门对限制模式进行归纳与总结。其次，在开放水平上，一方面分析了我国 2014—2019 年整体及细分服务部门的服务贸易限制指数均值情况与变化幅度，并针对五种服务限制措施探讨了各个服务部门贸易壁垒的主要方式与特征，另一方面对我国 1997—2018 年服务业外商直接投资限制指数进行了整体及细分部门的趋势分析。此外，还利用 UNCTAD 及世界银行数据库的历年服务业数据，根据综合开放度公式计算出我国 2005—2018 年服务业整体的开放情况，并分解出四个贡献因子进行依存度分析，计算了 2013—2018 年间细分服务部门的综合开放情况。最后，从地区生产性服务业经济基础面、资源投入与产出以及对外经贸合作等角度，构建了包含 14 个指标在内的生产性服务业开放水平综合评价体系，并采用主成分分析法对四川省生产性服务业的开放水平进行测度与评价。

本章的主要结论有以下几点。

第一，对于入世服务贸易承诺而言，我国承诺开放的服务大类占比达 75%，服务项目占比达 58.13%，相应的服务大类及服务项目涉及的开放数目依次为 9 个和 93 个。在具体的服务部门承诺减让占比上，建筑与相关工程服务、教育服务及环境服务三大部门均达到 100% 的减让承诺，相应的承诺开放度最高；健康和社会服务，娱乐、文化和体育服务及其他服务三大部门中的承诺覆盖比率为 0，表明未作任何承诺，相应的承诺开放度最低。在"市场准入限制"和"国民待遇限制"项下，各个服务部门在跨境交付、境外消费、商业存在及自然人流动四种服务提供模式下表现出了不同的限制特征。其中，我国对于跨境交付和境外消费的限制相对较少，而对于商业存在和自然人流动的限制则相对较多。

第二，在服务业的开放分析上，首先，对于服务贸易限制指数 STRI 而言，2014—2019 年我国整体的 STRI 均值为 0.443，在其发展趋势上，STRI 指数已呈现出波动下降的变化特征，表明我国的服务贸易限制程度有所降低。在细分的服务部门上，有 9 个服务部门的 STRI 均值大于整体平均水平，而有 13 个服务部门的 STRI 均值则小于平均水平。其中，建筑服务的 STRI 均值最小，仅为 0.23；而快递服务的 STRI 均值最大，达 0.88。在变化趋势上，有 14 个服务部门的 STRI 指数在研究期间呈下降趋势，有 7 个服务部门的 STRI 指数未发生变化，而电影服务的 STRI 指数则略微上升。此外，在服务贸易限制壁垒的措施上，我国以外资准入限制作为主要方式。其次，对于服务业外商直接投资限制指数而言，我国服务业整体的限制指数从 1997 年的 0.716 下降到 2018 年的 0.316，降幅达 55.9%，服务业的降幅次于工业但高于初级产业。对于细分的服务部门而言，在 1997—2018 年间，我国在外商直接投资限制指数均值上最大的三个服务部门分别是传媒服务、通信服务和运输服务，而均值最小的三个部门则依次为酒店和餐饮服务、建筑服务和工程咨询服务。在变化趋势上，FDI 限制指数下降幅度最大的三个部门分别是分销服务、酒店和餐馆服务及房地产投资服务，而降幅最小的三个部门则依次为传媒服务、通信服务和运输服务。最后，对于服务业的综合开放情况而言，我国在 2005—2018 年间服务业整体的综合开放度处于 8.99%～11.36%，研究期初和研究期末的综合开放度分别为 11.36% 和 9.27%。在依存度的贡献因子上，服务贸易进口额对综合开放度的影响最大，服务业外商直接投资依存度有明显下降的趋势，而服务业对外直接投资依存度则呈现出持续上升的趋势。此外，在细分的服务部门上，旅游、餐饮与住宿的综合开放度较高，表明其具有较高的贸易及投资自由度；而文化、体育与娱乐服务的综合开放度较低，表明其服务壁垒及投资门槛较高。

第三，在我国地区生产性服务业开放水平上，四川省的综合评价得分为 0.1834，在全国处于第 7 位，低于广东、上海、北京、江苏、浙江和山东，同时也是西部地区中唯一综合得分进入前十的地区，这在一定程度上表明四川省生产性服务业开放水平是较为靠前的。在生产性服务业开放水平主成分得分的分布上，四川省的第一个公因子 F_1 得分为正，但第二个公因子 F_2 和第三个公因子 F_3 得分均为负，表明其开放水平的各个要素并未同步。具体地，四川省生产性服务业开放的第一个公因子得分为 0.5536，排名为全国第 6 名，表明四川省在经济基础面的开放上处于明显的优势地位，生产性服务业赖以发展的产业基础较为雄厚，可支持绝大部分产业的服务投入与需求。第二个公因子得分为-0.4390，排名位于全国第 22 位；第三个公因子得分为-0.4157，排名位于全国第 21 位。这两者均低于全国平均水平，说明四川省在资源投入与产出的开放与对外经贸合作的开放上存在比较劣势，是四川省生产性服务业开放的短板。因此，四川省应注重提高生产性服务业在经济中的占比，同时增加对生产性服务业就业人员的工资报酬，并扩大外商投资的规模与质量。

4 服务业开放、竞争加剧与制造业出口技术复杂度

通过第3章对我国服务业开放水平不同维度的测度与分析后，我们大致了解到我国服务业开放的总体状况及所处阶段。当前，我国经济正由高速增长阶段向高质量发展阶段转变，早期中央经济工作会议也将"推动制造业高质量发展"及"推动先进制造业和现代服务业深度融合"放在了重点工作任务之中。其中，增强制造业国际竞争力、提升制造业全球价值链地位、增加制造业出口国内附加值、提高制造业出口质量，均可作为"高质量发展"中评估制造业对外贸易的不同维度。

本章将选取制造业出口技术复杂度作为产业经济效应的考量对象之一，研究服务业开放与本地市场竞争的作用效果，重点关注扩大我国服务市场的开放力度对我国制造业出口产品质量的影响及其经济效应。显然，一方面，服务业的适度开放可带来高级服务要素、技术外溢、集聚经济等红利，促进出口产品质量的提升；另一方面，服务业开放不足则可能引起服务要素缺乏等问题，而服务业过度开放还会导致挤出与替代效应，从而抑制出口质量的升级。那么，如何权衡我国服务业的开放成效，也就成为"十四五"规划中新一轮高水平开放亟待回答的问题。

4.1 研究背景

我国于2001年12月11日正式加入世界贸易组织。根据世贸组织《服务贸易总协定》的相关要求，我国对服务市场准入及国民待遇均作出了具体承诺。按照循序渐进及逐步开放的原则，当时对服务市场开放所作的相应限制也是暂时的、有时间节点的，并针对各个行业给出了服务市场开放的具体时间表，时间限制从1年到6年不等。其中，兑现开放的时间点主要集中在2005

年前后。

表 4-1 列出了我国在加入世贸组织后服务领域三年内的开放承诺要求。其中，对于大多数服务行业的外资市场准入而言，其地域限制主要集中在加入世贸组织后的三年内，故本章将 2005 年作为集中兑现服务开放承诺的政策实施时间。我国政府按照服务开放承诺，在保护期后逐步取消了对于外资服务市场的地域、经营范围、持股比例的限制等，致使大量国外服务企业涌入国内市场，给国内服务业带来了巨大的竞争冲击。集中兑现服务开放承诺之后，不同服务部门实际上的开放水平不尽相同，因而各服务部门受到的竞争冲击也各不一样。这就为研究服务市场竞争加剧对制造业出口产品质量的影响提供了一个较为理想的"准自然实验"。

表 4-1　中国入世承诺中服务业在三年内的开放要求

服务部门划分	承诺开放的具体要求
运输业	允许外资占公路运输合资企业多数股份及全资拥有公路运输的子公司，允许外资在仓储服务上全资拥有子公司，允许外资在铁路运输上占合资企业多数股份，允许外资占仓储、货运代理、邮递服务合资企业多数股份，允许开展国际海上货运和客运业务（如航班、散货和不定航线货船），外资不超过注册资本 49% 的合资企业可以中国国旗作为国籍旗进行经营注册
通信业	全面取消增值服务（含互联网服务及移动通信）与寻呼业务的地域限制，外资所占股份可增至 50%；放开有线网及光缆，取消半导体、计算机、计算机设备、电信设备和其他高技术产品的关税限制；在移动话音与数据业务上，外资可占 49%；在国内与国际业务上，外资占少数的合资企业可以在上海、广州、北京及其之间提供服务；在移动话音与数据业务上，外资占少数股份的合资企业可以在上海、广州、北京及其他城市之间开展业务
批发零售业	允许外资在合资批发公司内拥有多数所有权，取消地域或数量限制；取消外资零售服务中所有地域、数量、外资持股比例的限制；零售销售面积在 2 万平方米以上的百货商店、分店在 30 家以上的连锁店，允许外资持有 50% 以下股权的合资企业经营；外国投资的企业可以分销其在中国生产的产品，并对分销的产品提供售后服务等相关配套服务；取消外国投资企业对于产品分销及其相关配套服务在国内地域、数量及企业股权比例的限制；允许特许经营；放开除药品、杀虫剂、农用薄膜、成品油及化肥外的零售服务
银行业	取消外资银行在中国经营人民币业务的地域限制；取消银行业在北京、珠海、厦门、昆明、济南、福州、成都、重庆、上海、深圳、天津、大连、广州、青岛、南京、武汉的限制；允许外资银行对中国企业提供人民币业务服务，即放开人民币的批发业务

服务部门划分	承诺开放的具体要求
证券业	外资证券公司可以直接跨国界交易B股；外资证券公司可以建立合资公司（外资占1/3），承销并交易B股和H股以及政府与公司债券；外资占少数股权（49%）的合资企业可以从事国内证券投资基金管理业务
保险业	取消外国保险公司在国内开展业务的地域限制；允许建立外资占多数的非寿险公司分支机构、合资公司及独资子公司；外资可以占寿险合资公司50%的股份；作为分支机构、合资公司或外国独资子公司的外资保险公司可为人寿保险提供再服务，而不受地域或数量的限制
房地产业	允许外商在合资企业中占多数股权及成立独资企业，房地产开发项目无限制，仅高档房地产项目、高档宾馆、高档公寓、高尔夫球场等项目不允许外商独资的房地产开发企业
音像业	允许外商在合资企业中占多数股权并成立独资的电影院，允许外商成立音像独资企业，引进的国外大片收入分成
社会服务业	取消外资律师事务所经营的地域与数量的限制，外资可合伙或合并成立会计师事务所，允许外方在企业服务、管理咨询及广告合资公司中占多数股权，外资占多数股权的合资学校可以提供小学、初中、高中、成人教育及其他教育服务
旅游业	允许外资在合资旅行社及合资酒店中占有多数股权

资料来源：根据《中国入世议定书》中涉及服务业开放的相关条例，经作者整理而得。

4.2 理论机制与典型事实描述

4.2.1 理论机制分析

在我国兑现服务承诺并开放服务市场后，前期设置的服务贸易壁垒会被削减并降低，境内制造企业购买国外的服务将更为方便。与此同时，外资企业也可采用合资或独资的方式在我国境内设立服务机构，从而直接为国内制造企业提供服务产品。显而易见，新服务供应商的进入可能会打破国内服务市场原有的静态均衡，这会使得国内的服务市场竞争日趋激烈。

正如Griffith等（2006）所言，增加竞争程度既可推动企业以效率为导向，又可促进其实质性创新，以获取产品差异及成本优势。一方面，外资企业具有资金及技术等优势，服务市场的开放可使得国内制造企业更为便利地购买外资企业的服务及产品，这会降低其购买国内服务的意愿。多样化的服务选择范围及投入可为国内制造企业出口产品的生产过程注入差异化的竞争优势

(Fernandes 和 Paunov，2012；Beverelli 等，2017)，从而有利于提高企业的技术水平，进而推动出口技术的升级。另一方面，外资企业进入的同时也会带来技术性外溢，其提供的服务附带着知识、信息、技术及人力资本等高端生产要素（戴翔，2016）。国内服务企业可利用行业竞争效应、学习示范效应、人员流动效应等方式，通过知识、技术及资本的转移来提升自身的服务品质，带来服务成本的降低及质量的提升，从而可以提供更为质优价廉的服务中间投入（张艳等，2013）。同时，本地企业为获取市场份额，在优胜劣汰的市场竞争机制下，更偏向于生产包含核心技术及关键价值增值在内的中间服务投入品，这不仅可以促进国内要素的优化再配置，提升资源配置效率，还有助于提升国内本土企业的创新意识（祝树金等，2017；余娟娟和余东升，2018）。

随着服务业在国民经济发展中地位的显著提升，服务要素在制造业中扮演着越来越重要的角色。从前期的产品差异化设计、客户需求信息分析、研发创新培育、企业组织行为管理，到中期的生产业态创新、提供中间投入要素，再到后期的产品物流运输、展示销售、售后维修服务等，服务业开放可通过"涟漪效应"对制造业整个产品的生产制造流程产生重大影响（孙浦阳等，2018）。换言之，在兑现服务开放承诺后，随着国内服务市场竞争的加剧，服务企业可向制造企业产业链注入高品质服务、多样化中间投入及知识技术与管理规划等高级服务要素。通过产业上下游关联效应、技术信息共享效应、资源再配置效应等途径，服务市场可加大制造企业的自主创新与技术研发力度，产生"1+1>2"的产业链整合效应，提升制造企业生产技术及员工操作技能。进而在理论上表明，兑现服务开放承诺、加剧服务市场竞争对制造业出口技术升级将会产生极为重要的影响。

4.2.2　特征性事实分析

服务业开放后，外商进入服务领域所带来的竞争效应对制造业出口产品质量的影响及效果是怎样的呢？为初步分析这个问题，本小节通过绘制特征性事实趋势图，可较为直观地描绘其发展与变化情况。

　　这里以地区服务市场竞争程度①的中位数为临界值，将地区样本划分为两组：第一组为初始服务市场竞争程度较低的组别，这些地区在兑现服务市场开放承诺后将面临更大的竞争冲击，可视为处理组；第二组为初始服务市场竞争程度较高的组别，这些地区在面对外商冲击时市场竞争程度加剧的幅度相对较小，可视为对照组。在分组的逻辑上，当一个地区初始的服务市场竞争程度越低时，例如存在垄断或寡头的情形，在面对外来的竞争时，该地区内企业的反应就会越明显，企业会想方设法地从技术、价格或服务上通过竞争效应来提升企业价值，以争夺市场份额。这会使得该地区的市场竞争程度增加得越多，相应的变化幅度也将表现得越大。

　　本节中，在面对服务业开放所带来的竞争冲击时，对于处理组和对照组的划分主要是参照研究地区改进的赫芬达尔－赫希曼指数（Herfindahl－Hirschman Index，HHI，以下简称 HHI 指数）的变化幅度。这里以改进的HHI 指数值的中位数为临界值对样本进行划分，将数值较高组作为处理组，数值较低组作为对照组。在 265 个城市样本中，受 2005 年集中兑现服务开放政策的影响，虽然大多数城市的 HHI 指数均有所减小，但减小幅度却存在差异。对于初始服务市场竞争程度较低的处理组而言，其减小幅度在 1.21％～395.95％范围内。而对于初始服务市场竞争程度较高的对照组而言，其减小幅度在 1.00％～308.53％范围内。其中，处理组为包括绥化市、宣城市、广安市等在内的 133 个城市，对照组为包括佛山市、河源市、枣庄市等在内的 132个城市，具体处理组和对照组的城市划分名单可见附录表 1。

　　图 4－1 描绘了处理组与对照组中地区制造业出口技术复杂度②的变化趋势。从图中不难发现，在集中兑现服务市场开放承诺前（2005 年之前），低竞

---

　　①　计算公式见后文中的式（4－5）。需要说明的是，这里所采用的竞争程度计算公式为改进的赫芬达尔－赫希曼指数（HHI），其测度的是各地区内部各个服务部门之间相对于整个服务市场的竞争程度，而非针对地区内部各个企业之间对于某一特定服务行业的竞争程度。它是多个服务部门在加权后的地区整体效应，这可能便得某一典型行业的变化幅度被弱化平均。对于具体的金融、保险、证券等服务部门，由于其开放不足一直备受外媒诟病，外商出于其市场寻求型、资源寻求型、技术寻求型等 FDI 动机，现实中偏好于投资竞争程度较高的北上广等成熟地区。而这些地区的金融、保险、证券等市场竞争程度在初期已较高，面对外商冲击后的市场竞争变化幅度有限。具体地，对于地区样本而言，服务市场竞争程度最高的地区是伊春市，其改进的 HHI 指数为 0.1892，而服务市场竞争程度最低的地区是绥化市，其改进的 HHI 指数为 2.0511。改进的 HHI 指数值最大者和最小者之间相差了近 10 倍，可见我国地区间服务市场的竞争程度存在很大差距。

　　②　其计算公式见本章后文中的式（4－2）至（4－4）。

争服务地区和高竞争服务地区的制造业出口技术复杂度均有小幅上升，且两组上升的趋势基本一致。而在集中兑现服务开放承诺后（2005 年之后），处理组制造业出口技术复杂度的上升幅度明显大于对照组，且随着时间的推移，两组之间的差异在不断缩小。可见，在集中开放服务市场后，与地区服务竞争加剧幅度较小的对照组相比，服务竞争程度加剧更大的处理组的制造业出口技术复杂度上升更快。

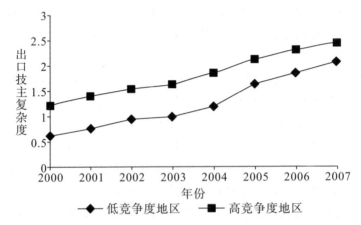

图4-1 不同竞争程度地区制造业出口技术复杂度指数的变化趋势

数据来源：经作者整理绘制而得。

由此，可提出本章的研究假说：开放服务市场将有利于提高我国出口产品的质量。为严谨回答该问题，还需要定量测算服务贸易自由化对制造业出口技术复杂度的影响效应，阐明服务经济对制造业发展的作用方向，进而推动制造业与服务业的深度融合，为实现我国经济高质量发展的目标奠定基础。

4.3 模型设计与变量说明

4.3.1 模型设定

为探究加入世贸组织后服务保护结束、市场竞争加剧对地区制造企业出口产品质量的影响，本章以加入世贸组织后兑现服务业开放承诺的集中时间为例，基于《中国入世议定书》中 2005 年对服务业的地域开放承诺作为市场竞争加剧的时间节点，将服务市场竞争水平作为竞争冲击的分组代理变量，从而构造双重差分（Difference in Differences，DID）[①] 模型。本章尝试比较服务业兑现开放承诺前后服务市场竞争加剧对地区制造业出口技术复杂度是否存在变动差异。此处参照周茂等（2018）、毛其淋和许家云（2018）的研究思路，具体的 DID 模型设定如下：

$$SOPH_{jt} = \alpha_0 + \alpha_1 TREAT_j * POST\,05_t + \vec{\beta}\vec{X} + u_j + u_t + \varepsilon_{jt} \qquad (4-1)$$

其中，下标 j 和 t 分别代表了地区与年份。$SOPH$ 为被解释变量，代表了地区制造业出口产品的质量，用加总的地区层面制造业出口技术复杂度来衡量。$TREAT$ 用于识别地区制造业是否受到兑现服务开放承诺的影响，即 2004 年地区层面服务业市场的竞争程度。$POST\,05$ 用于识别服务开放承诺集中兑现的时间，即 2005 年前后的虚拟变量。$\vec{X}$ 为表征地区特征的变量集合。u_j 为地区固定效应，用于控制不随时间变化的地域层面因素对出口产品质量的影响；u_t 为年份固定效应，用于控制时间趋势的影响。ε_{jt} 为随机扰动项。为控制潜在的异方差及序列相关问题，回归时采用以地区聚类的稳健标准误。

此处，交互项系数 α_1 是本章回归中所关心的重点，其值衡量了低服务竞争地区与高服务竞争地区中制造业出口技术复杂度在兑现服务开放承诺前后的平均差异，刻画了兑现服务开放承诺后服务市场竞争加剧对制造业出口产品质量的影响效应。具体地，若 $\alpha_1 > 0$，则表示服务开放后低竞争度地区的制造业出口技术复杂度相较于高竞争地区而言提升更大，即兑现服务承诺所引起的市场竞争加剧提升了地区制造业出口产品质量；若 $\alpha_1 < 0$，则表示服务开放后低竞争地区的制造业出口技术复杂度相对于高竞争地区有所降低，表明降低外资准入限制后造成的竞争效应降低了地区制造业出口产品质量；若 $\alpha_1 = 0$，则表明该承诺实施后的竞争效应对不同地区出口产品质量的影响差异不明显。

4.3.2 数据处理

对于地区制造业出口产品质量而言，本章采用制造企业层面的数据加总而得。其中，企业出口数据采用了 2000—2007 年中国工业企业数据库与中国海关贸易数据库的匹配数据。参照 Brandt 等（2012）的方法对工业企业数据库进行处理，并参照 Fan 等（2015）的方法对海关数据库进行处理，再借鉴 Yu

---

[①] 双重差分法，又称倍差法，通过将调查样本分为处理组和对照组，根据两组在政策实施前后的相关信息来分析某一项政策的影响效果，是政策分析和工程评估中广为使用的一种计量经济方法。

（2015）的方法匹配两套数据。具体而言，首先，参照 Brandt 等（2012）的方法对工业企业数据库进行以下处理：第一，根据序贯识别匹配法，在调整行业代码后，对不同年份的企业进行跨期匹配，并按企业代码、企业名称、邮编的先后顺序识别出同一企业；第二，对于企业非正常经营及数据异常等情况，删除总产出、销售额、增加值、固定资产合计与净值额、年龄等企业重要信息缺失、数据为 0 或为负以及不符合一般会计准则的企业样本；第三，删除企业从业人数小于 8、工资小于 10 以及缺失该信息的企业样本。其次，参照 Fan 等（2015）的方法对海关贸易数据库进行以下处理：第一，删除缺少企业名称、出口目的地国名、产品名称的样本；第二，将八分位的月度出口数据汇总为六分位的年度数据，并统一为 HS96 编码。最后，借鉴 Yu（2015）的方法匹配两套数据，以企业中文名称与年份作为识别条件进行初步匹配，再以企业所在地的邮政编码及电话号码后七位等信息进行补充匹配。对于合并后的数据，仅保留制造业的企业样本，并以 2000 年为基准对样本中的名义变量进行平减调整。

对于服务市场竞争程度及其余地区特征变量而言，本章采用历年《中国城市统计年鉴》中的相应数据，通过与企业所在地区进行匹配，最终计算出检验涉及我国 30 个省（自治区、直辖市）所辖的 265 个地级及以上城市的相关数量，地区数据采用市辖区的空间范围设定。

4.3.3 变量选取

首先，被解释变量为地区制造业出口技术复杂度（SOPH）。鉴于企业异质性对出口产品质量的影响，本章使用企业微观层面加权后的地区层面数据来综合衡量制造业出口技术复杂度，并将数值带入计算。借鉴 Hausmann 等（2007）及李俊青和苗二森（2018）出口技术复杂度指标的构建方法，采用"产品—企业—地区"层面的数据，依次测算后进行加权求和，相应的测算公式如下：

$$SOPH_k = \sum_j \frac{X_{jk}/X_j}{\sum_j (X_{jk}/X_j)} \times GDP_j \qquad (4-2)$$

$$SOPH_i = \sum_k (\frac{X_{ik}}{X_i}) \times SOPH_k \qquad (4-3)$$

$$SOPH_j = \sum_i (\frac{X_i}{X_j}) \times SOPH_i \qquad (4-4)$$

式（4-2）用于测算国内出口中各类产品的出口技术复杂度；式（4-3）

是在式（4-2）的基础上，用来计算具有异质性的微观企业的出口技术复杂度；式（4-4）为地区层面的出口技术复杂度，以企业出口额为权重，将企业出口技术复杂度按其所属地区进行的加权求和而得。具体地，在式（4-2）中，$SOPH_k$ 是国内出口贸易产品类别中第 k 种产品的出口技术复杂度，k 为海关 HS6 分位代码下的产品类别，X_{jk} 为 j 地区产品 k 的出口贸易额，X_j 为 j 地区的出口贸易总额，GDP_j 为 j 地区的人均生产总值。在式（4-3）中，$SOPH_i$ 是 i 企业的出口技术复杂度，X_{ik} 为 i 企业产品 k 的出口贸易额，X_i 为 i 企业的出口贸易总额。在式（4-4）中，$SOPH_j$ 是 j 地区的制造业综合出口技术复杂度。其中，产品及地区层面的出口贸易数据均由匹配数据中制造企业出口的微观数据加总而得。

其次，核心解释变量包括服务市场竞争程度（$TREAT$）与服务业开放时间虚拟变量（$POST05$）。

对于服务市场竞争程度而言，本章采用 2004 年各地区的服务业竞争程度进行衡量。保护期结束前服务业竞争程度越低的地区，在全面开放后遭遇的竞争冲击将越大。此处采用连续变量进行衡量，而非"0"与"1"双值变量，这可以识别连续的分组，从而进行连续型 DID 回归。此处，服务业竞争程度采用改进的赫芬达尔-赫希曼指数（HHI）进行测度。其计算公式如下：

$$TREAT_j = \sum_h \frac{s_{jh}}{p_j} \left[\frac{\sum\limits_{h' \neq h}^{n} [s_{jh'}/(s_j - s_{jh})]^2}{\sum\limits_{h' \neq h}^{n} [s_{h'}/(s - s_h)]^2} \right] \tag{4-5}$$

其中，$TREAT_j$ 为 j 地区的服务业竞争程度。具体地，n 为各地区服务部门类别总数，h 为服务业中第 h 类部门，h' 为除 h 类以外的其余服务部门类别；s_{jh} 为 j 地区 h 类服务部门的就业人数，s_j 为 j 地区服务业的总就业人数，$s_{jh'}$ 为 j 地区其余服务部门类别的就业人数；s 为全国服务业的总就业人数，s_h 为全国 h 类服务部门的就业人数，$s_{h'}$ 为全国其余服务部门类别的就业人数；p_j 为 j 地区的总就业人数。该指标的数值大小与地区服务业的竞争程度成反比，即指数值越大，该地区服务业的竞争程度就越低。

对于兑现服务业开放承诺而言，使用集中兑现服务开放承诺的虚拟变量进行衡量。鉴于在《中国入世议定书》中大多数服务部门兑现开放承诺是在加入世贸组织后的三年内，故本章将 2005 年之前各年 $POST05$ 赋值为"0"，将 2005 年及其之后的各年 $POST05$ 赋值为"1"。

最后，就控制变量而言，这里参照李力行和申广军（2015）、余泳泽等

（2016）在地区层面的研究成果，选取的表征地区特征的变量包括：经济发展水平（GDP），采用地区人均生产总值进行衡量，取对数表示；人力资本占比（HR），采用教育从业人员数占地区人口数的比例进行衡量；研发投入强度（RD），采用科学研究、技术服务和地质勘查业的从业人员数与地区人口数的比值进行衡量；人口密集度（POPU），采用地区人口总数与行政区域土地面积的比值进行衡量，取对数表示；国有企业占比（STATE），采用地区层面企业中的国有性质企业①占比进行衡量。此外，还包括地区固定效应（CITY）以及时间固定效应（YEAR）。

相应的变量描述统计情况见表 4-2。

表 4-2 变量的描述统计情况

变量	样本数	均值	标准差	最小值	最大值
SOPH	2 120	1.567 5	0.575 1	0.492 5	4.271 4
TREAT	2 120	0.651 4	0.272 3	0.189 2	2.051 1
POST05	2 120	0.375 0	0.484 2	0.000 0	1.000 0
GDP	2 120	9.592 9	0.697 3	7.111 5	11.932 3
HR	2 120	9.866 9	4.755 3	1.021 6	35.795 5
RD	2 120	3.231 4	3.963 4	0.049 1	34.337 4
POPU	2 120	6.636 8	0.945 6	2.564 9	9.550 6
STATE	2 120	0.083 4	0.444 6	0.000 1	15.093 5

资料来源：笔者整理而得。

4.4 回归结果与分析

4.4.1 基准回归结果

表 4-3 为式（4-1）的基准回归结果。其中，第（1）列是在控制了地区和年份固定效应后仅加入核心解释变量的简单估计结果；第（2）列则是在第

---

① 将登记注册类型分为 110（国有企业）、141（国有联营企业）、143（国有与集体联营企业）、151（国有独资企业）以及 130（股份合作企业）、150（其他有限责任公司）、160（股份有限公司）中实收资本里国有资金占比大于 50% 的企业定义为国有性质企业。

（1）列的基础之上，进一步加入了表征地区层面特征的控制变量，用以减少模型因遗漏变量而产生的估计偏误。

表 4-3 服务开放竞争加剧对地区制造业出口技术复杂度的影响

变量	（1）简单回归	（2）加入控制变量
$TREAT_j * POST05_t$	0.097*** (0.035 2)	0.108*** (0.036 4)
GDP		0.215*** (0.068 8)
HR		0.087*** (0.030 3)
RD		0.056* (0.030 1)
POPU		0.025 (0.027 1)
STATE		−0.057** (0.025 3)
CONS		3.593*** (0.865 5)
时间固定	Y	Y
地区固定	Y	Y
观测值	2 120	2 120
R^2	0.621 3	0.633 5

注：*、**、*** 依次表示显著性检验中 10%、5%、1% 的水平，括号内是地区层面聚类的稳健标准误。Y 表示控制了相应的效应或变量，N 表示未控制。下表同。

由第（1）列的回归结果可知，在控制了地区和年份效应后，变量 $TREAT_j * POST05_t$ 的估计系数在 1% 的水平上显著为正。第（2）列在加入了地区层面的控制变量后，此时 α_1 的回归系数为 0.108，并且通过了 1% 的显著性检验。这表明在控制了众多因素后，我国集中兑现服务市场开放承诺所引起的服务市场竞争加剧显著提升了地区制造业出口产品的质量，该结论与祝树金等（2017）及余娟娟和余东升（2018）的研究结果相一致。此外，对于服务竞争程度不同的地区而言，在服务业开放承诺兑现后，市场竞争对制造业出口技术复杂度的影响也存在明显差距。

因此，根据估计结果可得，在扩大服务市场开放、提高服务贸易自由化后，受到外商竞争冲击更大的处理组地区制造业出口技术复杂度要比受到较小竞争冲击的对照组地区提升更多，而兑现承诺前竞争程度越高的地区在兑现后将经历程度越少的技术复杂度增长。由此可见，服务市场自由化不仅对我国制造业出口产品质量的整体提升存在着积极的正面影响，并且还有利于缓和地区发展不平衡不充分的问题。

4.4.2 稳健性检验回归结果

第一，预期效应。双重差分法要求在政策实施前，处理组与对照组之间不存在有效预期（周茂等，2018）。故此处在基准模型中加入 $TREAT_j * POST04_t$ 的交互项，$POST04_t$ 为所定义的服务开放承诺集中兑现前一年即 2004 年的虚拟变量。此处，将 2004 年之前各年赋值为"0"，将 2004 年及其之后的各年赋值为"1"。若该交互项的回归系数显著不为 0，则表明地区服务市场在开放承诺政策实施前就已经具有了竞争预期，提前调整了市场运作策略。如表 4－4 中的第（1）列所示，$TREAT_j * POST04_t$ 的估计系数并未通过显著性检验，且数值大小非常接近于 0。表 4－4 的第（2）列则是在基准模型中进一步引入了 $TREAT_j * POST03_t$ 的交互项，即集中兑现服务开放承诺前两年的时间虚拟变量。同样，这里将 2003 年之前各年赋值为"0"，将 2003 年及其之后的各年赋值为"1"。然而，回归时该新增的估计系数仍旧不显著。以上结果表明，地区服务市场在开放承诺实施前并未形成调整策略的预期效应，可见本章中集中兑现服务开放承诺的政策具有外生性。同时，在这两个回归中，交互项 $TREAT_j * POST05_t$ 的估计系数均显著为正，表明即便在考虑了预期效应的情形下，本章所关注的交互项系数与基准回归中的系数相比并未发生实质性变化，其结果是稳健的[①]。

表 4－4　针对倍差法的稳健性检验

变量	（1）预期效应	（2）预期效应	（3）安慰剂检验	（4）同趋势检验	（5）两期估计
$TREAT_j * POST05_t$	0.110*** (0.038 2)	0.112*** (0.039 0)			0.153*** (0.039 2)

[①] 倍差法建立在一系列的假设前提下，为确保该方法估计结果的可信度与可靠性，需对其预期效应、同趋势性等进行检验。类似方法的研究可参考周茂等（2018）、毛其淋和许家云（2018）、蒋灵多和陆毅（2018）的相关文献。

变量	(1) 预期效应	(2) 预期效应	(3) 安慰剂检验	(4) 同趋势检验	(5) 两期估计
$TREAT_j$ $* POST04_t$	0.012 (0.040 7)	0.015 (0.043 8)			
$TREAT_j$ $* POST03_t$		0.008 (0.044 1)			
FDI_{jt}					
$SCALE_{jt}$					
$DIFTREAT$			−0.015 (0.014 7)		
$TREAT_j$ $* Y2001$				0.021 6 (0.041 7)	
$TREAT_j$ $* Y2002$				0.047 1 (0.048 6)	
$TREAT_j$ $* Y2003$				0.075 3 (0.050 1)	
$TREAT_j$ $* Y2004$				0.082 5 (0.051 8)	
$TREAT_j$ $* Y2005$				0.129** (0.053 5)	
$TREAT_j *$ $Y2006$				0.142*** (0.054 2)	
$TREAT_j *$ $Y2007$				0.165*** (0.060 8)	
控制变量	Y	Y	Y	Y	Y
时间固定	Y	Y	Y	Y	N
地区固定	Y	Y	Y	Y	Y
观测值	2 120	2 120	1 060	2 120	530
R^2	0.633 5	0.633 5	0.483 9	0.628 7	0.786 4

注：同上表。

第二，安慰剂检验。为确保倍差法中估计结果的可靠性，需要进行附加的反事实检验。此处可使用2000—2004年集中兑现服务开放承诺前的样本进行安慰剂检验。这里引入服务市场竞争变化程度变量$DIFTREAT$，采用服务市

场 $t+1$ 年与 t 年改进的赫芬达尔－赫希曼指数的差值进行衡量。由于在服务市场集中开放前，竞争程度变化非常微小，采用普通最小二乘法（Ordinary Least Squares，OLS）回归后，若变量 DIFTREAT 的估计系数显著，则表明存在其他非观测因素干扰了估计结果，相应地倍差法的回归结果就有偏。由表4－4中的第（3）列可知，变量 DIFTREAT 的估计系数为负且不显著。这表明在我国集中兑现服务开放承诺前，服务市场竞争变动对制造业出口技术复杂度并未产生显著影响，这也从侧面反映了本章倍差法估计结果的可靠性。

第三，同趋势性假设检验。双重差分法的一个重要前提是平行趋势假定，即要求样本中的处理组与对照组在没有政策干预前具有相同的发展趋势，具备对比性以进行反事实比较。故此处引入变量 $TREAT_j$ 与各年份虚拟变量的乘积交互项[①]，估计结果如表4－4中的第（4）列所示。由回归结果可知，在2005年之前年份的乘积交互项估计系数并不显著，这表明在未受到开放承诺实施影响之前，两组之间并无明显差异，存在对比性。该结果与图4－1中的特征性趋势图相符合，表明模型设定在服务开放政策冲击发生前符合平行趋势假定。此外，在服务开放承诺兑现后的2005年至2007年，乘积交互项的估计系数显著为正，表明其市场竞争效应在两组间的差异性已显现出来。并且，乘积交互项的系数估计值逐渐增大。这表明在集中兑现服务开放承诺后，服务市场竞争加剧显著提升了制造业出口产品的质量，且该动态促进效应会随着时间的推移而不断增强。

第四，两期倍差法估计。由于多期的双重差分法易产生序列相关问题，可能导致所关注变量的显著性被高估的问题（Bertrand 等，2004）。为控制序列相关性所导致的潜在偏倚，此处以服务开放承诺集中兑现的2005年为划分点，将整体样本划分为2000—2004年与2005—2007年两个时间阶段，并在每个阶段中对各地区的变量取其算术平均值，采用两期倍差法进行稳健性检验。由表4－4中的第（5）列回归结果可知，与多期倍差法的估计结果相似，本章所关注的交互项 $TREAT_j * POST05_t$ 的估计系数显著为正，表明了研究结论的稳健性。

第五，改变相关变量的衡量方式，相应的估计结果如表4－5所示。

---

① 为避免多重共线性问题，这里剔除了研究期间首年2000年的乘积交互项。

表4-5 改变衡量方式的稳健性检验

变量	(1) 剔除加工贸易	(2) 改变质量指标	(3) 改变竞争指标
$TREAT_j * POST05_t$	0.105*** (0.036 8)	0.218*** (0.041 1)	0.252*** (0.083 9)
控制变量	Y	Y	Y
时间固定	Y	Y	Y
地区固定	Y	Y	Y
观测值	2 120	2 120	2 120
R^2	0.633 5	0.692 8	0.709 5

注：同上表。

首先，剔除地区加工贸易样本重新测算被解释变量地区制造业出口技术复杂度（$SOPH$）。改革开放以来，我国依靠劳动力禀赋优势在来料加工、进料加工等加工贸易领域上取得了快速发展，为产业技术升级奠定了良好的前期基础。Amiti 和 Freund（2008）认为中国出口技术复杂度的提升主要依赖于加工贸易，若将其剔除后中国出口技术复杂度的提升将极为有限。故此处为降低估计偏误，将各地区层面的加工贸易企业数据进行剔除，在测算制造业出口技术复杂度时仅加总一般贸易出口企业的产品及地区样本，以较好衡量国内出口产品的质量。如表4-5中的第（1）列所示，在剔除了地区加工贸易数据后，交互项 $TREAT_j * POST05_t$ 的估计结果仍然为正，且通过了显著性检验，表明之前所得结论是稳健的。

其次，采用产品层面指标重新测算被解释变量。此处在式（4-2）的基础上，从产品层面直接计算各地区以产品类别出口占比为权重的加权出口产品质量指标[①]。由表4-5中的第（2）列可知，交互项 $TREAT_j * POST05_t$ 的估计结果依然显著为正，表明集中兑现服务开放承诺后服务市场竞争加剧对地区制

---

① 相应的计算公式为 $SOPH_j = \sum_k \left(\dfrac{X_{jk}}{X_j} \right) \times SOPH_k$，指标含义与本章前文所述一致。

造业出口技术复杂度具有显著的提升作用，且该结论不会随着质量指标测算方法的不同而改变，其所得结论具有较好的稳健性。

最后，改变核心解释变量服务市场竞争程度（TREAT）的衡量指标。采用基本的赫芬达尔－赫希曼指数[①]测算服务市场的竞争程度，用行业规模的离散程度来反映市场的竞争集中性。当该指数值越大时，表明地区的竞争程度越小。如表4-5中的第（3）列所示，在改变服务市场竞争程度的测算指标后，交互项 $TREAT_j * POST05_t$ 的回归结果依然显著为正。这表明了在集中兑现服务开放承诺后，地区原有竞争程度更小的地区遭遇了更大的外商竞争冲击，其所在地区的制造业出口技术复杂度将提升更多。

4.5 本章小结

在"二次开放"契机与供给侧改革浪潮下，扩大服务业对外开放与提高制造业产品质量是推动国内产业升级、建设贸易强国及打造质量强国的重中之重。当前，我国正面临着人口红利逐渐消失、资源环境约束压力倍增等问题，劳动力成本优势逐年降低，资本回报的边际收益开始递减，我国经济转入了"新常态"。在"以开放促改革、促发展、促创新"的重要历史经验和启示下，通过进一步扩大开放以促进我国经济高质量发展是未来深化供给侧结构性改革及推动经济持续增长的核心问题。在此背景下，本章使用了2000—2007年中国工企及海关贸易数据库合并后的企业微观数据加总而成的地区数据，较为系统地探讨了集中兑现服务开放承诺与服务市场竞争加剧对地区制造业出口产品质量的作用。基于2005年我国集中兑现服务业开放承诺构建了用于评估开放政策的拟自然实验，采用倍差法实证评估了服务开放对地区制造业出口技术复杂度的影响。

本章的结论主要有以下几点：集中兑现服务业开放承诺的政策通过加剧地区服务市场竞争程度，显著提升了制造业出口技术复杂度。此外，服务市场竞争加剧对于出口产品质量提升的贸易效应，不仅在考虑了预期效应、安慰剂检验、同趋势性假设检验以及两期倍差法估计这一系列检验后依然成立，而且在剔除地区加工贸易样本、采用产品层面指标重新测算质量指标以及改变服务市

---

① 基本的赫芬达尔－赫希曼指数的计算公式为 $TREAT_j = \sum_h \dfrac{S_{jh}}{P_j} \Big[\sum_n (S_{jh}/S_j)^2 \Big]$，式中指标的含义同本章前文所述。

场竞争程度的衡量方式等多种稳健性检验后，其估计结果也仍然不变。这表明了研究结论的稳健性与准确性。

此处需要强调的是，本章结论表明对于原有不同服务市场竞争程度的地区而言，服务业开放政策的质量提升效应对于初始低服务竞争地区的制造业出口技术复杂度的作用效果更强，该效果明显大于初始高服务竞争地区的产品质量提升效果。此结论有助于缓和我国东部、中部、西部地区之间发展不平衡、不充分的问题，在区域产业政策规划上可有所作为。

5 知识密集型服务业开放与制造企业出口国内附加值率

上一章分析了集中兑现服务开放承诺与服务市场竞争加剧对于地区制造业出口产品质量的影响，本章将进一步聚焦于与知识创造和技术创新密切相关的知识密集型服务业的开放问题，探究其对我国制造企业出口国内附加值率的影响机制与作用路径。

5.1 研究背景

自改革开放以来，随着货物贸易关税税率及非贸易壁垒的下降，制造业凭借生产资源禀赋、劳动力充裕等要素红利，迅速嵌入国际分工网络及全球价值链体系，我国贸易自由化程度已明显高于世界平均水平。与此相对应，自加入世贸组织以来，除个别领域外，我国服务业逐步取消了对外资的限制，开放水平得到不断提升。从增加值占比、经济贡献率比重、就业量占比等指标数据可知，我国服务业开放的经济效应显著。

为此，在2020年第四届中国国际服务贸易交易会全球服务贸易峰会上，习近平总书记明确提出，"中国将坚定不移扩大对外开放，建立健全跨境服务贸易负面清单管理制度，推进服务贸易创新发展试点开放平台建设，继续放宽服务业市场准入，主动扩大优质服务进口"。随后，在2021年第五届中国国际服务贸易交易会全球服务贸易峰会上，习近平总书记再次强调，"中国将提高开放水平，在全国推进实施跨境服务贸易负面清单，探索建设国家服务贸易创新发展示范区"。由此可见，在以开放促改革、促发展、促创新的指导思想下，中国政府已多次强调了服务业的开放问题，其中，集技术、信息和知识于一体的知识密集型服务业的开放问题更是为各界所重视。尤其在如今，以远程医疗、在线金融、移动办公等为代表的新型服务被广泛应用，更凸显了服务业向知识技术倾斜的发展态势。

知识密集型服务业自 Miles 等（1995）提出以来，就被赋予了"创新经纪人"的角色，在产业生产活动中承担触发器及连接桥梁的作用，是信息、技术和专业知识的重要来源，拥有高级技术、高端知识、高度创新及高关联等特性（Dawson，2000；魏江等，2007；Consoli 和 Elche，2010）。在构建我国全方位开放新格局时，对于知识密集型服务业开放的规划与布局、增强知识密集型服务行业的国际竞争力、优化其资源配置效率就显得尤为重要。对于知识密集型服务业的概念，本章从中间服务投入、知识创新核心、高度产业关联、显著空间集聚、依赖产权法律等特征与功能角度出发，将其界定为以新技术、专业知识和高素质人才为投入要素，以知识积累、创造及传播为服务渠道，以市场经济及产权保护为制度基础、可提供高度创新性及产业关联性的知识产品与服务。进一步地，可将其具体划分为以下的四大类别：一是包括电信、互联网、广播电视等信息传输、编程设计、测试维修在内的计算机与软件服务业，二是包括企业管理、咨询服务、广告服务、中介服务在内的商业服务业，三是包括研发服务、技术服务、科技交流在内的科学研究与技术服务业，四是包含银行业、证券业、保险业在内的金融服务业。该划分可为本章后续的开放问题研究界定出明确的研究范围。

随着我国研发创新及技术进步的加快，在全球价值链（Global Value Chain，GVC）分工体系中的地位已不断提升，相继实现了中国经济增长与出口扩张的奇迹，但在 GVC 中仍处于中低端，这将进一步成为制约我国制造业高质量发展的主要因素之一（Gereffi，2005；裴长洪和刘洪愧，2020）。在全球价值链分工模式下，原有的贸易总量核算方法因重复计算中间品价值等缘由已无法真实反映一国（地）的贸易利得，转而采用一国（地）的出口国内附加值率来衡量其真实贸易利得与竞争优势（Koopman 等，2014；王直等，2015）。知识密集型服务业作为外部知识传送来源及内部知识创新动力，可为企业提供多品种、高价值及高质量的服务，促进高精尖产品的生产，推动知识在集群、行业和组织间的转移，为企业价值创造提供强有力的知识技术支持，从而提升我国制造业在 GVC 中的附加值获取能力。

那么，值得我们思考的是，随着我国服务业开放步伐的加快，知识密集型服务业的开放水平如何？其开放水平的提高能否成为促进我国制造企业出口国内附加值率的有效工具？若能促进，其背后的作用机制又是什么？作用效果会受到哪些因素的影响？可见，将知识密集型服务业开放与我国企业出口国内附加值率相结合，对上述这些问题的解答不仅能够丰富我国服务业开放在微观经济效应中的研究，还可为实现我国高水平开放与高质量发展的"双高"目标提供重要的政策启示。

服务贸易壁垒具有复杂性、隐蔽性及非转移性等特征，对其限制措施的测度无法像货物贸易采用明确的关税税率进行直接衡量，故如何准确测量知识密集型服务业对外开放的水平就是本章重点之一。因此，基于第3章中的服务业开放水平测算基础数据，本章将结合《中华人民共和国服务贸易具体承诺减让表》等一系列与我国服务业对外开放政策紧密相关的文件资料，综合考虑跨境交付、境外消费、商业存在和自然人流动四种服务贸易提供模式，利用改进后的 Hoeckman 频度指数分析法，从"市场准入限制"与"国民待遇限制"两个源头维度构建知识密集型服务业的开放水平指标。同时，在企业出口国内附加值率的测度上，本章将区分出企业进口的资本品价值部分。由于该部分主要用于生产制造而非进入最终产品，故需要在进口中予以调整，以便更准确地测度企业的出口国内附加值率。

鉴于此，首先，本章将构建知识密集型服务业开放影响制造企业出口国内附加值率的理论分析模型，推导出其作用机制并提出本章的研究假说。其次，基于我国入世服务贸易承诺，从源头维度构建知识密集型服务业开放水平指数，以避免服务开放指标可能出现的内生性问题；并基于中国工业企业数据库、中国海关贸易数据库及相关的投入产出表，区分贸易中间代理商及企业进口资本品价值部分以调整进口，从而准确测算企业出口国内附加值率。最后，利用 2000—2007 年的企业数据，从总体及细分服务行业层面进行两者间影响效应的实证检验，并从出口贸易方式、行业要素密集度、企业所有制类型、不同地区类型等维度进行作用效果的异质性分析，从中间品相对价格、企业成本加成率等渠道进行作用机制的检验分析。

5.2　理论模型推导及研究假说

此处参照 Kee 和 Tang（2016）、毛其淋和许家云（2019）等的研究方法进行数理模型分析。根据学者前期的理论模型及其推导过程，这里将知识密集型服务业作为制造企业的中间投入，引入企业出口国内附加值率的理论建模之中，进而构建一个知识密集型服务业开放影响制造企业出口国内附加值率的数学模型。通过比较静态分析的方法，从而提出本章的研究假说。

5.2.1　制造企业最终产品生产

在 Kee 和 Tang（2016）的研究模型中，其将制造企业最终产品的生产函数设定为科布－道格拉斯（Cobb－Douglas，C－D）生产函数。此处，在其原有公式设定的基础上，将知识密集型服务业引入该生产函数之中。那么，企业 i 在 t 期的生产函数可设定为：

$$Y_{it} = A_{it}K_{it}^{\alpha_K}L_{it}^{\alpha_L}M_{it}^{\alpha_M}S_{it}^{\alpha_S} , \alpha_K + \alpha_L + \alpha_M + \alpha_S = 1 \qquad (5-1)$$

其中，下标 i 表示制造企业，t 表示时期，则 Y_{it} 就表示企业 i 在 t 时期的最终品产出。另外，A 为企业的生产率或全要素生产率，假设其服从帕累托分布；K 为最终品生产过程中投入的资本数量，L 为投入的劳动数量，M 为企业投入的中间品，S 为投入的知识密集型服务产品。α_K、α_L、α_M 和 α_S 分别为资本、劳动、中间品以及知识密集型服务产品的产出弹性系数，同时也是总成本中四者的投入份额，这里假设四者之和等于 1。

对于制造企业投入的中间品 M_{it} 而言，这里将其拆分为国内中间品 M_{it}^D 与国外进口中间品 M_{it}^I，且此处假定企业的生产技术为规模报酬不变型。则在常替代弹性（Constant Elasticity of Substitution，CES）函数下，可将 M_{it} 设定为式（5-2）所示的形式。其中，σ 为国内中间品 M_{it}^D 与国外进口中间品 M_{it}^I 之间的替代弹性，且 $\sigma > 1$。

$$M_{it} = [M_{it}^D{}^{\frac{\sigma-1}{\sigma}} + M_{it}^I{}^{\frac{\sigma-1}{\sigma}}]^{\frac{\sigma}{\sigma-1}} \qquad (5-2)$$

同时，对于国内中间品和国外进口中间品而言，将其刻画为均由多个种类的中间品复合构成。假设国内中间品的种类数为 V_t^D，而国外进口中间品的种类数为 V_t^I，则可用各个中间品种类数的函数式来表示中间品的总量 M_{it}^D 与 M_{it}^I，其设定分别如式（5-3）和（5-4）所示：

$$M_{it}^D = \Big[\sum_{v_x=1}^{V_t^D} (m_{v_x}^D)^{\frac{\lambda-1}{\lambda}}\Big]^{\frac{\lambda}{\lambda-1}} \qquad (5-3)$$

$$M_{it}^I = \Big[\sum_{v_x=1}^{V_t^I} (m_{v_x}^I)^{\frac{\lambda-1}{\lambda}}\Big]^{\frac{\lambda}{\lambda-1}} \qquad (5-4)$$

其中，v_x 为第 x 种的中间品种类，m^D 为国内中间品，m^I 为国外进口中间品，λ 为任意两种中间品之间的替代弹性，且 $\lambda > 1$。

与上述类似，这里可用每个种类中间品价格来构成中间品的平均价格。假设用 p_{it}^D 和 p_{it}^I 来分别表示国内中间品种类的价格与国外进口中间品种类的价格，则国内中间品的平均价格 P_t^D 和国外进口中间品的平均价格 P_t^I 可设定如下：

$$P_t^D = \Big[\sum_{v=1}^{V_t^D} (p_{vt}^D)^{1-\lambda}\Big]^{\frac{1}{1-\lambda}} \tag{5-5}$$

$$P_t^I = \Big[\sum_{v=1}^{V_t^I} (p_{vt}^I)^{1-\lambda}\Big]^{\frac{1}{1-\lambda}} \tag{5-6}$$

在给定了式（5-2）后，企业投入的中间品价格指数 P_t^M 就可由国内中间品的平均价格 P_t^D 与国外进口中间品的平均价格 P_t^I 构成，在 CES 常数替代弹性函数的情况下，其价格指数可表示如下：

$$P_t^M = \big[(P_t^D)^{1-\sigma} + (P_t^I)^{1-\sigma}\big]^{\frac{1}{1-\sigma}} \tag{5-7}$$

同样，对于知识密集型服务而言，此处也将其刻画为由多个种类的知识密集型服务产品复合而成。假设知识密集型服务产品的种类数为 U_t，则知识密集型服务产品 S_{it} 可表示如下：

$$S_{it} = \Big[\sum_{u_z=1}^{U_t} (s_{u_z})^{\frac{\delta-1}{\delta}}\Big]^{\frac{\delta}{\delta-1}} \tag{5-8}$$

其中，u_z 为第 z 种的知识密集型服务产品种类，U_t 为知识密集型服务产品的种类数，δ 为任意两种知识密集型服务产品之间的替代弹性，且 $\delta > 1$。

假设知识密集型服务产品种类的价格为 p_{ut}，则知识密集型服务产品的价格 P_t^S 就可表示为

$$P_t^S = \Big[\sum_{u=1}^{U_t} (p_{ut})^{1-\delta}\Big]^{\frac{1}{1-\delta}} \tag{5-9}$$

基于成本最小化原则，制造企业在生产时就需要优化配置资本、劳动、中间品和知识密集型服务四类投入要素。此处，假定企业资本投入的平均价格为 r_t，劳动投入的平均价格为 w_t，式（5-7）给出了企业使用中间品的价格指数 P_t^M，式（5-9）给出了企业使用知识密集型服务产品的价格 P_t^S。那么，可将企业成本最小化问题转化为数学方程，即在约束条件式（5-11）下，求解成本函数式（5-10）的最小值。

$$\underset{K_{it},L_{it},M_{it},S_{it}}{\text{Min}} \ r_t K_{it} + w_t L_{it} + P_t^M M_{it} + P_t^S S_{it} \tag{5-10}$$

$$\text{s. t. } A_{it} K_{it}^{\alpha_K} L_{it}^{\alpha_L} M_{it}^{\alpha_M} S_{it}^{\alpha_S} \geqslant Y_{it} \tag{5-11}$$

由此，通过求解式（5-11）约束条件下式（5-11）的最小值，可得到企业 i 在 t 期的生产成本函数 C_{it}，相应地可表示如下：

$$C_{it} = \frac{Y_{it}}{A_{it}} \Big(\frac{r_t}{\alpha_K}\Big)^{\alpha_K} \Big(\frac{w_t}{\alpha_L}\Big)^{\alpha_L} \Big(\frac{P_t^M}{\alpha_M}\Big)^{\alpha_M} \Big(\frac{P_t^S}{\alpha_S}\Big)^{\alpha_S} \tag{5-12}$$

进一步地，对成本函数 C 关于 Y 求导，我们就可得到制造企业 i 在 t 期的边际成本函数 MC_{it}，其结果如下：

$$MC_{it} = \frac{\partial C_{it}}{\partial Y_{it}} = \frac{1}{A_{it}} \left(\frac{r_t}{\alpha_K}\right)^{\alpha_K} \left(\frac{w_t}{\alpha_L}\right)^{\alpha_L} \left(\frac{P_t^M}{\alpha_M}\right)^{\alpha_M} \left(\frac{P_t^S}{\alpha_S}\right)^{\alpha_S} \qquad (5-13)$$

其中，r_t 为资本的价格，w_t 为劳动的价格，P_t^M 为中间品的价格指数，P_t^S 为知识密集型服务产品的价格。由该式可知，企业的边际成本为其生产率及各种生产要素价格的函数。

同时，还可得出中间品的投入份额 α_M，即：

$$\frac{P_t^M M_{it}}{C_{it}} = \alpha_M \qquad (5-14)$$

5.2.2　制造业国内中间品生产

假定各个种类国内中间品 V 的生产，均需要资本、劳动和知识密集型服务这三种生产要素，这里中间品的投入组合仍使用科布－道格拉斯（C－D）生产函数。其中，B 为企业的生产率，资本、劳动和知识密集型服务的投入份额依次是 β_K、β_L 和 β_S，则其生产函数可设定如下：

$$V_{it}^D = B_{it} K_{it}^{\beta_K} L_{it}^{\beta_L} S_{it}^{\beta_S}, \quad \beta_K + \beta_L + \beta_S = 1 \qquad (5-15)$$

根据利润最大化原则，可求解出每种国内中间品 V 的价格为：

$$P_{V_t}^D = \frac{(r_t)^{\beta_K} (w_t)^{\beta_L} (P_t^S)^{\beta_S}}{\left(\frac{\lambda-1}{\lambda}\right)} \qquad (5-16)$$

结合式（5－5）与式（5－6），可得到国内中间品 M_{it}^D 的均衡价格为：

$$P_{v_t}^D = P_t^D = \frac{(r_t)^{\beta_K} (w_t)^{\beta_L} (P_t^S)^{\beta_S}}{\left(\frac{\lambda-1}{\lambda}\right)} \qquad (5-17)$$

5.2.3　知识密集型服务业生产

此处借鉴 Barone 和 Cingano（2011）对于服务部门的设定。具体地，假设每一种知识密集型服务产品 S 的生产需要资本和劳动两种生产要素，且其生产同样采用科布－道格拉斯（C－D）生产函数。其中，C 为企业的生产率，资本和劳动的投入份额分别是 γ_K 和 γ_L，则其生产函数可设定如下：

$$S_{it} = C_{it} K_{it}^{\gamma_K} L_{it}^{\gamma_L}, \quad \gamma_K + \gamma_L = 1 \qquad (5-18)$$

此处，假设 θ 为知识密集型服务业开放的占比。若 θ 越大，则表明开放程度就越高，可见 θ 与开放程度呈正比。具体地，这里对 θ 部分的服务产品实施了对外开放，其产品价格为完全竞争市场的价格。根据利润最大化原则，当 $S \in [0, \theta]$ 时，可求解出其服务价格为 $P_t^S = (r_t)^{\gamma_K} (w_t)^{\gamma_L}$。对于其余

（1-θ）部分的服务产品来说，由于受到外资管制而未对外开放，其产品价格为垄断竞争市场的价格。同样根据利润最大化原则，当 $S \in [\theta,1]$ 时，可求解出其服务价格为 $P_t^S = \dfrac{(r_t)^{\gamma_K}(w_t)^{\gamma_L}}{\left(\dfrac{\delta-1}{\delta}\right)}$。

结合式（5-8），知识密集型服务产品 S 的均衡价格可表示如下：

$$P_t^S = (r_t)^{\gamma_K}(w_t)^{\gamma_L}\left[\theta+(1-\theta)\left(\frac{\delta-1}{\delta}\right)^{\delta-1}\right]^{-\left(\frac{1}{\delta-1}\right)} \quad (5-19)$$

为后续计算方便，这里将 $\left[\theta+(1-\theta)\left(\dfrac{\delta-1}{\delta}\right)^{\delta-1}\right]^{-\left(\frac{1}{\delta-1}\right)}$ 设为 $F(\theta)$，则式（5-19）可简写为

$$P_t^S = (r_t)^{\gamma_K}(w_t)^{\gamma_L}F(\theta) \quad (5-20)$$

对 $F(\theta)$ 关于 θ 求导，可得到如下的关系式：

$$\frac{\partial F(\theta)}{\partial \theta} = -\left(\frac{1}{\delta-1}\right)\left[F(\theta)\right]^{-\frac{\delta}{\delta-1}}\left[1-\left(\frac{\delta-1}{\delta}\right)^{\delta-1}\right] < 0 \quad (5-21)$$

进一步地，对知识密集型服务产品 S 的均衡价格 P_t^S 关于 θ 求导，可得到下式：

$$\frac{\partial P_t^S}{\partial \theta} = (r_t)^{\gamma_K}(w_t)^{\gamma_L}F'(\theta) < 0 \quad (5-22)$$

由式（5-22）可知，知识密集型服务业的开放程度与其服务产品的价格呈反比。随着服务市场开放水平的提高，进口贸易壁垒持续下降，外资管制程度不断放松，这将有助于打破国内服务市场的垄断局面。服务业开放可提高本土服务市场的竞争程度，不仅使得企业购买服务要素的种类增加，还使得企业购买服务产品的价格下降。

5.2.4　企业出口国内附加值率

首先，国外进口中间品占企业总收益的比例可表示如下：

$$\frac{P_t^I M_{it}^I}{P_{it}Y_{it}} = \alpha_M \frac{1}{\psi_{it}}\frac{P_t^I M_{it}^I}{P_t^m M_{it}} \quad (5-23)$$

其中，ψ_{it} 为企业 i 在 t 期的成本加成。该指标可用于测度产品价格对其边际成本的偏离程度，即 $\psi_{it} = \dfrac{P_{it}}{MC_{it}}$。

其次，在式（5-2）的约束条件下，求解中间品的成本最小化问题，存在如下的数学方程：

$$\min P_t^D M_{it}^D + P_t^I M_{it}^I \quad (5-24)$$

$$\text{s. t. } \left[M_{it}^{D}{}^{\frac{\sigma-1}{\sigma}} + M_{it}^{I}{}^{\frac{\sigma-1}{\sigma}} \right]^{\frac{\sigma}{\sigma-1}} \geqslant M_{it} \tag{5-25}$$

通过求解式（5-25）约束条件下式（5-24）的最小值可得，企业国外进口中间品的成本占所有中间品总成本的比重 $\dfrac{P_t^I M_{it}^I}{P_t^M M_{it}}$ 可表示如下：

$$\frac{P_t^I M_{it}^I}{P_t^M M_{it}} = \frac{1}{1 + \left(\frac{P_t^I}{P_t^D}\right)^{\sigma-1}} \tag{5-26}$$

根据企业出口国内附加值率（Domestic Value Added Ratio，DVAR）的定义，其公式为 $DVAR_{it} = 1 - \dfrac{P_t^I M_{it}^I}{P_{it} Y_{it}}$。将式（5-14）、$\psi_{it}$ 公式和式（5-26）代入其中，整理可得：

$$DVAR_{it} = 1 - \alpha_M \frac{1}{\psi_{it}} \frac{1}{1 + \left(\frac{P_t^I}{P_t^D}\right)^{\sigma-1}} \tag{5-27}$$

该式表明制造企业出口的国内附加值率会受到企业成本加成及国外进口中间品相对价格的影响。

基于此，对式（5-27）进行简单求导可得到如下关系式：

$$\frac{\partial DVAR_{it}}{\partial (P_t^I/P_t^D)} = \alpha_M \frac{1}{\psi_{it}} \left[1 + \left(\frac{P_t^I}{P_t^D}\right)^{\sigma-1} \right]^{-2} (\sigma-1) \left(\frac{P_t^I}{P_t^D}\right)^{\sigma-2} > 0 \tag{5-28}$$

$$\frac{\partial DVAR_{it}}{\partial \psi_{it}} = \alpha_M \left(\frac{1}{\psi_{it}}\right)^2 \frac{1}{1 + \left(\frac{P_t^I}{P_t^D}\right)^{\sigma-1}} > 0 \tag{5-29}$$

由式（5-28）和式（5-29）可知，制造企业出口国内附加值率与国外进口中间品相对价格及成本加成之间均呈正比例关系。一方面，当国外进口中间品相对价格提高时，企业将会减少对于国外中间品的购买意愿，出于节省生产成本的目的，企业将转而使用国内中间品进行生产，这就可以提高企业出口的国内附加值率。另一方面，当成本加成提高时，表明产品价格的变化比边际成本的变化更大，从而使得企业的总产值相较于总投入而言增加更快，这可直接提升企业的生产利润，增加企业出口的国内附加值率。

5.2.5 作用机制分析

进一步地，为更好展示知识密集型服务业开放影响企业出口附加值率的作用机制，这里将知识密集型服务业的开放程度 θ 引入进口中间品相对价格 P_t^I/P_t^D 和成本加成 ψ_{it} 公式中，从而得到服务业开放程度与出口国内附加值率之间的关系。

首先，利用式（5-17）和式（5-20），可将进口中间品的相对价格 P_t^I/P_t^D 改写如下：

$$\frac{P_t^I}{P_t^D} = \frac{P_t^I}{\left(\frac{\lambda}{\lambda-1}\right) r_t^{(\beta_K+\gamma_K\beta_S)} w_t^{(\beta_L+\gamma_L\beta_S)} F(\theta)^{\beta_S}} = \frac{P_t^I}{aF(\theta)^{\beta_S}} \quad (5-30)$$

为后续计算方便，这里将 $\left(\frac{\lambda}{\lambda-1}\right) r_t^{(\beta_K+\gamma_K\beta_S)} w_t^{(\beta_L+\gamma_L\beta_S)}$ 设为 a。

相应地，对 P_t^I/P_t^D 关于 θ 求导，可得：

$$\frac{\partial\left(\frac{P_t^I}{P_t^D}\right)}{\partial\theta} = -\frac{P_t^I\beta_S F'(\theta)}{aF(\theta)^{\beta_S+1}} > 0 \quad (5-31)$$

由式（5-31）可知，知识密集型服务业的开放程度越大，则国外进口中间品相对于国内中间品的价格就越大。

再次，利用式（5-13）、式（5-20）和式（5-30），可将成本加成 ψ_{it} 改写如下：

$$\psi_{it} = \frac{A_{it}P_{it}}{\dfrac{r_t^{\alpha_K+\gamma_K\alpha_S}}{\alpha_K^{\alpha_K}} \dfrac{w_t^{\alpha_L+\gamma_L\alpha_S}}{\alpha_L^{\alpha_L}} \dfrac{F(\theta)^{\alpha_S}}{\alpha_S^{\alpha_S}} \dfrac{\left[a^{1-\sigma}F(\theta)^{\beta_S(1-\sigma)}+P_t^{I\,(1-\sigma)}\right]^{\frac{\alpha_M}{1-\sigma}}}{\alpha_M^{\alpha_M}}}$$

$$= \frac{A_{it}P_{it}}{bF(\theta)^{\alpha_S}\left[a^{1-\sigma}F(\theta)^{\beta_S(1-\sigma)}+P_t^{I\,(1-\sigma)}\right]^{\frac{\alpha_M}{1-\sigma}}}$$

$$(5-32)$$

同样，为后续计算方便，这里将 $\dfrac{r_t^{\alpha_K+\gamma_K\alpha_S}}{\alpha_K^{\alpha_K}} \dfrac{w_t^{\alpha_L+\gamma_L\alpha_S}}{\alpha_L^{\alpha_L}} \dfrac{1}{\alpha_S^{\alpha_S}}\dfrac{1}{\alpha_M^{\alpha_M}}$ 设为 b。

相应地，对 ψ_{it} 关于 θ 求导，可得：

$$\frac{\partial\psi_{it}}{\partial\theta} = -\frac{P_{it}}{A_{it}MC_{it}^2}\left[b\alpha_S F(\theta)^{\alpha_S-1}F'(\theta)(P_t^M)^{\alpha_M} + \right.$$

$$\left. bF(\theta)^{\alpha_S}\frac{\alpha_M}{1-\sigma}(P_t^M)^{\alpha_M-1}a^{1-\sigma}\beta_S(1-\sigma)F(\theta)^{\beta_S(1-\sigma)-1}F'(\theta)\right]$$

$$= -\frac{bP_{it}}{A_{it}MC_{it}^2}\left[\alpha_S F(\theta)^{\alpha_S-1}(P_t^M)^{\alpha_M} + a^{1-\sigma}\alpha_M\beta_S F(\theta)^{\alpha_S+\beta_S(1-\sigma)-1}\right.$$

$$\left.(P_t^M)^{\alpha_M-1}\right]F'(\theta)$$

$$> 0$$

$$(5-33)$$

由式（5-33）可知，知识密集型服务业的开放程度越大，则成本加成将越大。

最后，对式（5-27）关于 θ 求导。结合式（5-28）、式（5-29）、式（5-31）及式（5-33），通过链式法则可得：

$$\frac{\partial DVAR_{it}}{\partial \theta} = \underbrace{\frac{\partial DVAR_{it}}{\partial (P_t^I/P_t^D)}}_{+} \underbrace{\frac{\partial (P_t^I/P_t^D)}{\partial \theta}}_{+} + \underbrace{\frac{\partial DVAR_{it}}{\partial \psi_{it}}}_{+} \underbrace{\frac{\partial \psi_{it}}{\partial \theta}}_{+} > 0 \qquad (5-34)$$

根据式（5-34）可知，知识密集型服务业开放可以通过提高国外进口中间品的相对价格及企业的成本加成两个渠道，提升制造企业出口的国内附加值率。

5.2.6　研究假说

在进口中间品的相对价格渠道上，由其定义（国外进口中间品价格与国内中间品价格之比）可知，知识密集型服务业开放可通过降低国内中间品价格的方式，提高企业出口国内附加值率。一方面，国内企业的生产常受制于高质量服务产品种类不足、数量有限，而进口国外服务又会面临服务地域的属性问题，这会增加匹配、搜寻与协调的成本（Mukim，2015）。随着我国知识密集型服务业的渐次开放，外资在地域、准入时间、控股比例等方面的限制在不断减少，更多跨国服务型企业能以"商业存在"形式在我国境内设立分公司，进而直接提供服务，产生服务弥补效应。另一方面，知识密集型服务业集技术、信息和知识于一体，其开放可带来显著的知识溢出效应与市场竞争效应，能够有效促进国内知识密集型服务业的技术进步与发展，并降低因服务供求信息不对称而产生服务商"敲竹杠"现象的发生概率（Antras 和 Helpman，2004）。因此，在外资进入与竞争环境下，国内中间品生产企业可获得大批量、多元化、高质量、低价格的知识密集型服务投入，尤其是研发型的技术服务，从而促进国内中间品生产企业的研发创新，提高生产效率并降低生产成本，扩大其生产范围与产品种类，增加国内中间品的供应与竞争力，从而在整体上降低国内中间品的价格。加快中间产品的内向化（Kee 和 Tang，2016；Dai 等，2020），可提高进口中间品的相对价格。综上可知，知识密集型服务业开放可显著提高进口中间品的相对价格，进而提升企业出口国内附加值率。

在成本加成渠道上，由其定义（产品价格与边际成本之比）可知，知识密集型服务业开放可从提高产品价格及降低边际成本两方面共同影响成本加成，进而促进企业出口国内附加值率。一方面，当服务业开放程度加深时，随着服务型产品的进口增加及外资准入的限制减少，企业更易于获得类型多样、质量优良的知识密集型服务。高质量服务要素的投入能使产品表现出与市场上同类产品更大的差异性，这有助于增强企业产品的定价能力（Nordas 和 Rouzet，2017），从而设定更高的产品价格。另一方面，服务业开放引起的国内服务的市场竞争加剧，可使得企业购买的服务产品价格下降或在同等价位时企业购买的服务产品质量更高。此时，不但企业生产最终产品时所需投入的知识密集型服务购买价格下降，而且企业购买国内中间品的价格也间接随着服务价格的下降而降低。同时，知识密集型服务业开放所产生的知识技术外溢效应、服务供应多样化效应及投入产出涟漪效应，均可有效提升企业的生产效率（Amiti 和 Konings，2007；Arnold 等，2016），降低企业最终产品的边际成本。综上可知，知识密集型服务业开放水平的提高可显著提高制造企业的成本加成，进而提升企业出口产品的国内附加值率。

基于上述比较静态分析的结果及作用机制的逻辑推断，可提出本章的研究假说：

研究假说 H1：在其他情况不变的条件下，知识密集型服务业开放水平可提高制造企业的出口国内附加值率，即存在促进效用。

研究假说 H2：该促进效用主要通过增加国外进口中间品的相对价格及提高企业成本加成两个渠道，来实现相应的作用机制。

5.3 计量模型设计、变量选取与数据说明

5.3.1 计量模型设定

根据上述理论模型的推导结果，为研究知识密集型服务业开放对我国制造企业出口国内附加值率的影响，这里构建以下的计量模型：

$$DVAR_{ijt} = \alpha + \beta SOPEN_{jt} + \gamma \cdot \vec{X} + u_i + u_t + \varepsilon_{ijt} \qquad (5-35)$$

其中，下标 i、j、t 分别表示企业、制造行业和研究年份。$DVAR_{ijt}$ 作为被解释变量，表示制造业 j 中的 i 企业在 t 年的出口国内附加值率，该值越大表明企业出口产品的国内附加值部分就越多，相应地，其价值增值能力就越强，从国际贸易中的获利也越大。$SOPEN_{jt}$ 作为核心解释变量，表示制造业 j 在 t 年投入的知识密集型服务业所对应的开放程度，该值越大说明投入的知识密集型服务业的开放水平就越高。故按照前文推导的假设命题，此处 β 的估计系数应为正。$\vec{X}$ 为控制变量的集合，具体包括企业层面的企业资本密集度、

企业规模、企业年龄、企业性质和企业是否从事加工贸易出口五个变量，以及行业层面的行业集中度、制造业最终品关税税率和制造业中间品关税税率三个变量，用来表示除核心解释变量以外其他能够影响企业出口国内附加值率的因素。u_i 为企业固定效应，用于控制不随时间变化的企业层面个体差异对出口国内附加值率的影响。u_t 为年份固定效应，用于控制随时间变化的其他不可观测的影响因素。ε_{ijt} 为随机扰动项。在具体回归时，为控制潜在的异方差及序列相关问题，均使用以行业聚类的稳健标准误。

5.3.2　变量选取

5.3.2.1　知识密集型服务业开放 SOPEN

现有文献主要从服务市场准入的源头维度及服务贸易额、服务外商直接投资额等的结果维度进行测度，其中源头维度测算结果的内生性问题相对较弱。故此处将借鉴刘庆林和白洁（2014）、姚战琪（2015a）以及夏杰长和姚战琪（2018）的方法，以一系列与我国知识密集型服务业开放政策紧密相关的文件资料为基础，从源头维度测算并刻画我国知识密集型服务业开放的水平与进程。

首先，将《中华人民共和国服务贸易具体承诺减让表》中服务划分目录与2002 年版的国民经济行业分类四分位的服务业分类进行整合，同时结合我国后续服务业的具体法律、法令及法规，充分考虑各个服务部门真实的贸易限制性政策变化，以便整理出在"市场准入限制"及"国民待遇限制"项下我国知识密集型服务业在四种服务提供模式下的承诺减让情况。其次，根据知识密集型服务部门开放的实际情况及承诺的履行状况，借鉴改进后的 Hoeckman 频度指数分析法，将开放度的赋值标准进一步细化，以精准判别不同贸易限制性政策措施的差异程度，而针对贸易障碍及壁垒的具体赋值大小可参照附录表2。再次，参照樊瑛（2010）、Lanz 和 Maurer（2015）的方法，对于跨境交付（模式1）、境外消费（模式2）、商业存在（模式3）和自然人流动（模式4）四种不同服务提供方式，将其权重依次设定为 30.9%、15.5%、51.5% 和2.1%[①]，从而加权求和得出我国知识密集型服务业各部门在"市场准入限制"

[①]　根据世贸组织秘书处估算出的国际服务贸易提供方式占比可知，跨境交付（模式1）、境外消费（模式2）、商业存在（模式3）和自然人流动（模式4）的比例约为 30%、15%、50% 和 2%，将其标准百分化后可得各自的权重占比依次为 30.9%、15.5%、51.5% 和 2.1%。

与"国民待遇限制"项下的开放水平,并取两者的均值作为总体的开放水平。最后,基于投入产出表构造各制造业投入的知识密集型服务业开放水平,其计算公式如下:

$$SOPEN_{jt} = \sum_s OPEN_{st} \times \xi_{sj} \qquad (5-36)$$

其中,$OPEN_{st}$ 是与投入产出表中行业分类相对应的知识密集型服务 s 的开放水平;ξ_{sj} 是制造业 j 使用知识密集型服务 s 作为中间投入占其总投入的比例,可利用 2002 年 122 个部门的投入产出系数计算而得[①]。由于 ξ_{sj} 是不随时间变化的固定权重,这在一定程度上缓解了因我国开放政策变动引起的制造业服务投入结构变化而导致的服务业开放水平内生的问题,也避免了各年份投入产出系数变化而导致的服务占比偏误。这里 SOPEN 的数值越大,表明制造业 j 中知识密集型服务 s 的开放程度越高。同时,利用该方法针对计算机与软件服务业、商业服务业、科学研究与技术服务业及金融服务业四类细分的知识密集型服务业分别进行开放水平的测度。

5.3.2.2 企业出口国内附加值率 DVAR

前期学者大多从行业层面进行 DVAR 的测算,并以 Hummels 等(2001)、Koopman 等(2012)的测算方法为主,前者假定所有贸易类型出口中的进口中间品投入比例相同,而后者则进行了相应修正,将标准的非竞争性投入产出表进行分解,并对一般贸易出口及加工贸易出口设定不同的系数。然而,行业层面的测算难以刻画制造企业相互间的异质性,且易引致行业加总偏误。鉴于此,本章将参考 Upward 等(2013)、张杰等(2013)、Kee 和 Tang(2016)的测算方法,先利用联合国商品贸易统计数据库中广义分类法(Broad Economic Catalogue,BEC)的分类标准区分出进口产品中的中间品、资本品及消费品[②],再调整好企业的实际进口额,以便从微观企业层面测算制造企业的出口国内附加值率。这里,对于中间品进口而言,还需要考虑贸易中间商的

[①] 这里选用了《中华人民共和国服务贸易具体承诺减让表》、国民经济行业分类以及投入产出表三类数据的重合年份,即 2000—2007 年研究期间中的 2002 年作为测度年份基准,以提高行业匹配度,此时的投入产出表行业分类相当于国民经济行业分类的三分位,故此处的行业层面分析均基于三分位行业水平。鉴于不同的制造行业所使用的知识密集型服务业在数量、质量及强度上存在较大差异,故利用各个制造业使用知识密集型服务投入占其总投入的比例系数作为加总的权重最为合理。

[②] 在 BEC 的分类标准中,中间品的分类代码有 111、121、21、22、31、322、42 及 53,资本品的分类代码有 41 和 521,消费品的分类代码则为剩余的。具体的分类代码详见附录。

问题，因为贸易中间代理商并不进行产品的实际生产，仅进行专门的进出口代理业务。鉴于我国制造企业在 2004 年前大量依赖贸易中间商进行进出口代理业务，故需要对企业的进口额进行修正，以避免对出口国内附加值率的高估（张杰等，2013）。此处，参照 Ahn 等（2011）的做法，先计算出贸易中间代理商进口额的占比，再用制造企业在海关数据库中记录的进口额除以（1－代理商占比），以得到调整后的企业实际进口额。此外，这里还需要剔除中间品进口额大于投入额的过度进口企业样本。

综上，企业出口国内附加值率的具体测算公式可表示如下：

$$DVAR_{ijt}^{o} = 1 - \frac{im_{ijt}^{o} + im_{ijt}^{f}}{Y_{ijt}} \qquad (5-37)$$

$$DVAR_{ijt}^{p} = 1 - \frac{im_{ijt}^{p} - im_{ijt}^{k} + im_{ijt}^{f}}{Y_{ijt}} \qquad (5-38)$$

$$DVAR_{ijt}^{m} = \omega^{o}(1 - \frac{im_{ijt}^{o} + im_{ijt}^{f}}{Y_{ijt}}) + \omega^{p}(1 - \frac{im_{ijt}^{p} - im_{ijt}^{k} + im_{ijt}^{f}}{Y_{ijt}})$$

$$(5-39)$$

其中，式（5－37）至式（5－39）依次为纯一般贸易型企业（o）、纯加工贸易型企业（p）、混合贸易型企业（m）的出口国内附加值率的测算公式。具体地，im_{ijt}^{o} 和 im_{ijt}^{p} 分别为一般贸易出口产品和加工贸易出口产品在生产时所投入的实际中间品进口额，im_{ijt}^{f} 为出口产品在生产时国内中间品投入中所包含的国外价值部分[①]，im_{ijt}^{k} 为企业进口的资本品价值部分[②]，Y_{ijt} 为企业生产的总产出值，ω^{o} 为混合贸易型企业出口中以一般贸易方式进行出口的占比，而 ω^{p} 则为混合贸易型企业出口中以加工贸易方式进行出口的占比。最后，剔除 DVAR 数值中大于 1 以及小于 0 的样本。

5.3.2.3 控制变量

参考张杰（2013）、Kee 和 Tang（2016）及毛其淋和许家云（2019）的研究，此处在企业层面主要控制以下变量：①企业资本密集度（CAP），采用经通胀处理后的企业固定资产净值年均余额与全部从业人员数目的比值进行衡

[①] 由于缺少企业层面的信息参数，根据 Koopman 等（2012）及 Wang 等（2013）的方法，此处利用世界投入产出数据库（World Input－Output Database，WIOD，以下简称 WIOD 数据库）采用行业层面的国内中间投入品中的国外部分作为替代，从而计算出间接进口的部分。

[②] 在进口品中，诸如自动生产线等机械设备资本品，主要用于产品的生产过程，而非进入最终产品，需要在进口品中予以剔除。

量，取对数表示。②企业规模（SCALE），使用企业当年全部从业人员的平均人数进行衡量，取对数表示。③企业年龄（AGE），采用企业研究当年年份减去成立年份后再加 1 进行衡量，取对数表示。④企业性质（STATE），采用企业是否国有化的虚拟变量进行衡量，将国有性质企业[①]设值为"1"，其余类型企业（非国有性质企业）设值为"0"。⑤企业是否从事加工贸易出口（PRO），若企业加工贸易的出口份额大于"0"，则取值为"1"，否则取值为"0"。在行业层面主要控制以下变量：①行业集中度（HHI），采用赫芬达尔指数进行衡量[②]，计算公式为 $HHI_{jt} = \sum_{i=1}^{n}(sale_{ijt}/\sum_{i=1}^{n}sale_{ijt})^2$，其中 $sale_{ijt}$ 为制造业 j 中 i 企业在 t 年的销售收入，n 为国民经济行业分类（Chinese Industrial Classification，CIC）四分位下制造业 j 中的企业数量。②制造业最终品的关税税率（FTARIFF）：根据毛其淋和许家云（2018）的计算方法，最终品的关税税率计算公式为 $FTARIFF_{jt} = \sum_{f\in\Theta_j}n_{ft} \times tariff_{ft}/\sum_{f\in\Theta_{jt}}n_{ft}$，其中 n_{ft} 为 HS6 位码产品 f 在 t 年的 HS 税目数，$tariff_{jt}$ 为 HS6 位码产品 f 在 t 年的进口关税税率，Θ_j 为制造业 j 的产品集合。③制造业中间品的关税税率（MTARIFF）：其计算公式为 $MTARIFF_{jt} = \sum_{m\in\Omega_j}\eta_{mjt} \times FTARIFF_{jt}$，其中 η_{mjt} 为制造业 j 的中间投入行业 m 的投入比重，即 $\eta_{mjt} = input_{mjt}/\sum_{m\in\Omega_j}input_{mjt}$，$input_{mjt}$ 为其中间投入成本，可利用 2002 年中国投入产出表计算得到，Ω_j 为制造业 j 的中间投入行业集合。

5.3.3 数据说明

本章使用的数据包括以下几类：第一类是微观层面制造企业的生产数据，来自 2000—2007 年中国工业企业数据库，涵盖了全部国有工业企业及规模以上的非国有工业企业（年主营业务收入达到 500 万元及以上）的生产经营状况；第二类是产品层面的出口贸易数据，来自 2000—2007 年中国海关贸易数据库，涵盖了以月度记录的各通关企业进出口产品详细情况，根据本章研究目的将月度数据加总为各企业的进出口贸易年度数据；第三类是宏观层面的世界

---

① 这里将登记注册类型为 110（国有企业）、141（国有联营企业）、143（国有与集体联营企业）、151（国有独资企业）及 130（股份合作企业）、150（其他有限责任公司）、160（股份有限公司）中实收资本里国有资金占比大于 50% 的企业定义为国有性质企业。

② 该指数值越小，表明企业所处的行业竞争程度越高；指数值越大，则表明行业的垄断程度越高。

投入产出表，来自 WIOD 数据库；第四类是中国 2002 年各部门间的投入产出表，来自国家统计局的投入产出数据库。

为测算制造企业微观层面的出口国内附加值率，需将 2000—2007 年中国工业企业数据库与中国海关贸易数据库的数据进行匹配，以便得到微观层面的企业样本。首先，在合并时，借鉴 Brandt 等（2012）的方法对 2003 年前后我国的工业行业分类 CIC 四位码进行调整，在统一了国民经济行业分类代码与地区行政代码的口径后，对不同年份的同一企业进行跨期匹配与识别，借鉴 Fan 等（2015）的方法汇总企业以 HS96 编码出口产品的年度数据，借鉴 Yu（2015）的方法匹配两套数据，以企业中文名称与年份作为识别条件进行初步匹配，再以企业所在地的邮政编码及电话号码后七位等信息进行补充匹配。对于合并后的数据，仅保留制造业的企业样本，并以 2000 年为基准对样本中的名义变量进行平减调整①。其次，参照 Feenstra 等（2014）与 Yu（2015）的方法，删除总产出、销售额、增加值、固定资产合计与净值额、年龄等企业重要信息缺失、数据为 0 或为负以及不符合一般会计准则的非正常经营及数据异常的企业样本，删除企业从业人数小于 8 及缺失的企业样本，同时删除工资小于 10 及缺失的企业样本。最后，参考 Ahn 等（2011）的做法对贸易中间代理商进行剔除。在此基础上，关联 WIOD 的行业代码与我国工业企业数据库中工业行业分类 CIC 二位行业代码②，将其与工企海关匹配好的数据再次进行匹配。最终，可得到 210271 个制造企业的样本观测值。

相应的变量描述统计情况见表 5—1。

表 5—1　变量的描述统计情况

变量	样本数	均值	标准差	最小值	最大值
DVAR	210 271	0.618 2	0.293 3	0.000 1	0.999 9
SOPEN	210 271	0.158 2	0.801 4	0.000 8	0.902 2
CAP	210 271	90.286 2	249.870 7	0.002 4	23 969
SCALE	210 271	402.487 6	1 153.910 0	8.000 0	188 151
AGE	210 271	10.956 4	9.171 6	1.000 0	95.000 0

---

① 例如，对于工业增加值使用工业品出厂价格指数进行平减，中间投入使用原材料、燃料、动力购进价格指数进行平减，投资使用 Brandt—Rawski 投资平减指数进行平减，相应的价格数据来源于相应年份的《中国统计年鉴》。

② WIOD 数据库中制造业与工企数据库中制造业的行业代码对照情况详见附录。

变量	样本数	均值	标准差	最小值	最大值
STATE	210 271	0.138 9	0.416 5	0.000 0	1.000 0
PRO	210 271	0.680 5	0.521 4	0.000 0	1.000 0
HHI	210 271	0.023 1	0.077 2	0.000 9	1.000 0
FTARIFF	210 271	0.131 4	0.081 9	0.000 0	0.500 9
MTARIFF	210 271	0.120 3	0.049 6	0.031 3	0.323 1

注：笔者整理而得。

5.4 回归结果与分析

5.4.1 基准回归结果

表5-2统计了知识密集型服务业开放作用于制造企业出口国内附加值率的基准回归结果。其中，第（1）列为知识密集型服务业整体的开放水平所对应的回归结果，第（2）列至第（5）列为细分服务部门的开放水平所对应的回归结果。

表5-2 整体及细分服务部门开放水平的基准回归结果

变量	（1）基准回归	（2）计算机与软件服务业	（3）商业服务业	（4）科学研究与技术服务业	（5）金融服务业
SOPEN	0.596 2***	0.543 1***	0.386 3***	0.810 5***	0.692 8***
	(0.119 6)	(0.139 9)	(0.122 6)	(0.149 5)	(0.151 2)
CAP	−0.034 7***	−0.034 9***	−0.034 8***	−0.035 0***	−0.035 0***
	(0.006 2)	(0.006 1)	(0.006 1)	(0.005 9)	(0.006 0)
SCALE	0.002 1***	0.002 2***	0.002 2***	0.002 3***	0.002 3***
	(0.000 3)	(0.000 3)	(0.000 3)	(0.000 3)	(0.000 3)
AGE	0.006 5***	0.006 4***	0.006 4***	0.006 5***	0.006 5***
	(0.001 9)	(0.001 8)	(0.001 8)	(0.001 8)	(0.001 8)
STATE	−0.001 8**	−0.001 9**	−0.001 8**	−0.002 0**	−0.002 0**
	(0.000 8)	(0.000 7)	(0.000 7)	(0.000 7)	(0.000 7)
PRO	−0.286 5***	−0.286 6***	−0.286 6***	−0.287 1***	−0.286 9***
	(0.004 1)	(0.004 0)	(0.004 0)	(0.003 8)	(0.004 0)

变量	（1）基准回归	（2）计算机与软件服务业	（3）商业服务业	（4）科学研究与技术服务业	（5）金融服务业
HHI	−0.119 7***	−0.119 9***	−0.119 8***	−0.120 6***	−0.119 9***
	(0.032 5)	(0.032 4)	(0.032 5)	(0.031 7)	(0.032 2)
FTARIFF	−0.001 8**	−0.001 8**	−0.001 8**	−0.002 0**	−0.001 9**
	(0.000 8)	(0.000 7)	(0.000 8)	(0.000 7)	(0.000 7)
MTARIFF	−0.004 6***	−0.004 8***	−0.004 7***	−0.005 2***	−0.004 9***
	(0.000 7)	(0.000 8)	(0.000 8)	(0.000 8)	(0.000 8)
常数项	0.958 6***	0.927 7***	0.933 9***	0.904 6***	0.911 9***
	(0.022 5)	(0.020 9)	(0.021 1)	(0.021 9)	(0.024 1)
企业固定效应	Y	Y	Y	Y	Y
年份固定效应	Y	Y	Y	Y	Y
观测值	210 271	210 271	210 271	210 271	210 271
R^2	0.276	0.276	0.276	0.276	0.276

注：*、**和***分别表示在10%、5%和1%的水平上显著，（）内的值为行业层面聚类的稳健标准误；Y表示控制了相应的效应，N表示未控制。

首先，从第（1）列的估计结果可以发现，本章重点关注的核心解释变量 *SOPEN* 的估计系数在1%的水平显著为正。该结果表明在整体上知识密集型服务业开放政策的实施与开放水平的提高，将有助于制造企业国内附加值率的提升，从而初步证明了本章的研究假说 H1。这也意味着服务业开放对制造业高质量发展存在促进效应。具体地，对于该促进作用而言，在其他影响因素不变的情况下，知识密集型服务业整体的开放水平每提高1个百分点，能使制造企业出口国内附加值率提高约0.6个百分点。

其次，从第（2）列至第（5）列细分服务部门的估计结果可知，知识密集型服务业细分部门后的开放水平均有利于提高制造企业的出口国内附加值率，其估计系数均在1%的水平上显著为正。具体地，科学研究与技术服务业开放水平的促进效应最强，在控制了企业个体、年份效应及其他控制变量之后，科学研究与技术服务业的开放水平每增加1%，则制造企业出口国内附加值率将增加0.8105%。该促进效应高于知识密集型服务业整体的平均水平，这得益于服务业开放后的技术支持及多样的研发创新服务。促进效应排在第二位的是金融服务业的开放，在控制了其他因素之后，金融服务业的开放水平每增加1%，则制造企业出口国内附加值率将增加0.6928%。同样地，该促进效应也高于平均水平，这得益于服务业开放后的融资约束缓解及资源再配置效应。促进效应排在第三位的是计算机与软件服务业的开放，在对其他因素进行控制后，计算机与软件服务业的开放水平每增加 1%，则制造企业出口国内附加值率将增加 0.5431%，这得益于服务业开放后的网络资源共享及系统应用开发。促进效应排在最后的是商业服务业的开放，在控制了其他因素后，商业服务业的开放水平每增加 1%，则制造企业出口国内附加值率将增加 0.3863%。这得益于服务业开放后的营商环境优化及专业性服务供给充足。由此可知，在利用高水平开放促进高质量发展的政策导向上，不仅要提升知识密集型服务业整体的开放水平，还需要结合服务部门的细分特点进行结构优化的开放布局，才能最大化发挥知识密集型服务业开放对制造企业出口国内附加值率的促进作用。

最后，对于模型中的控制变量而言，其估计系数的符号也基本符合逻辑。一方面，从企业层面的影响因素来看，企业资本密集度（CAP）的估计系数显著为负，表明资本密集度高的制造企业相应的出口国内附加值率较低，这与邵朝对等（2020）、张丽等（2021）的研究结果基本一致。企业规模（SCALE）的估计系数显著为正，表明在控制了企业与年份固定效应后，企业规模与企业出口国内附加值率之间呈正比例关系，这可能源于规模越大的制造企业越能够通过规模经济效应获得超额利润，并通过议价能力获取更高的成本加成，从而获取更高的出口国内附加值率。企业年龄（AGE）的估计系数显著为正，表明经营持续期越长的企业，其在市场上具有越丰富的生产经验、成熟的管理制度和多元的营销方式，这些竞争优势均有利于企业出口国内附加值率的提升。企业性质虚拟变量（STATE）的估计系数在 5% 的水平上显著为负，表明国有企业的出口国内附加值率相较于民营企业和外资企业而言略微偏低。企业是否从事加工贸易出口虚拟变量（PRO）的估计系数显著为负，表明具有两头在外与大进大出特征的加工贸易企业而言，其出口产品的国内增加值占比较低。此外，从行业层面的影响因素来看，行业集中度（HHI）的回归系数显著为负，表明随着制造企业所在行业的竞争程度不断增加，其企业出口的国内附加值率将有所提高。这得益于竞争性的市场结构更有利于行业生产效率的提升（Amiti 和 Konings，2007），生产率的提高可通过增加企业的成本加成的方式来提高其出口国内附加值率。制造业最终品的关税税率（FTARIFF）与制造业中间品的关税税率（MTARIFF）的估计系数均显著为负。这表明随着我国整体关税水平的降低，制造企业可以享受更多的贸易自由化红利，其产品出口的国内附加值率将更大。其中，中间品贸易自由化的促进作用更强，该结论与毛其淋和许家云（2019）的研究结果基本相同。

5.4.2 稳健性检验回归结果

5.4.2.1 内生性检验

本章中知识密集型服务业开放的估计结果可能存在内生性问题。一方面，服务业开放政策可能会受到关联企业与行业游说而出现政策实施延缓、区域性保护及行业自选择等行为，这会使得企业出口国内附加值率对知识密集型服务业开放产生影响，即两者之间可能存在双向因果关系。另一方面，该模型可能存在遗漏变量及指标测量误差的问题。例如，服务业开放政策与企业出口国内附加值率均会受到诸如环境制度、法律法规等共同因素的影响；加之针对两者变量指标进行测度的方法多样，测算会随着数据库完善、技术变革而不断被改良并精细化，这些遗漏共同变量及测量精准度也会带来模型经验估计中的内生性问题。因此，为保证模型估计结果的可信与有效，本节将采用构造工具变量（Instrumental Variable，IV）的方法进行内生性检验。

首先，借鉴 Beverelli 等（2017）的做法，根据同时期其余金砖国家知识密集型服务业开放情况，构造我国知识密集型服务业开放水平的工具变量。一方面，在相关性上，包括我国在内的金砖国家作为全球新兴市场国家的典型代表，这些金砖国家间的经济发展水平、政府政策导向及对外开放进程具有一定的相似性，这使得我国知识密集型服务业开放政策与其余金砖国家开放政策之间具有较强的相关性。另一方面，在外生性上，巴西、俄罗斯及印度[①]的知识密集型服务业对外开放政策又不会受到中国制造企业绩效的直接影响。这就使得其余金砖国家的知识密集型服务业开放水平在理论上成为理想的工具变量。具体地，工具变量的构造方式如下：

$$SOPEN_{jt}^{IV} = \sum_s OPEN_{st}^{IV} \times \xi_{sj} \tag{5-40}$$

其中，$open_{st}^{IV}$ 是与投入产出表中行业分类相对应的其余金砖国家知识密集型服务 s 开放水平的加权值，ξ_{sj} 与式（5-36）中的含义一致。$open_{st}^{IV}$ 加权值的计算公式可表示如下：

$$OPEN_{st}^{IV} = \sum_{BRI} OPEN_{st}^{BRI} \times SI_t^{C-BRI} \tag{5-41}$$

其中，上标 BRI 为其余金砖国家，B 为巴西（Brazil），R 为俄罗斯（Russia），I 为印度（India），上标 C 为中国（China）。$OPEN_{st}^{BRI}$ 为某一金砖

[①] 鉴于南非是 2010 年底才成为"金砖国家"合作机制的正式成员，而本章的样本期在 2000—2007 年，故此处将南非排除在外。

国家知识密集型服务 s 的开放水平，用（$1-STRI/100$）进行衡量，该数据来自世界银行发布的服务贸易限制指数（$STRI$）数据库。权重 SI_t^{C-BRI} 则由中国与其余某一金砖国家人均国内生产总值的相似度进行衡量[①]，该相似度的计算公式参照 Helpman（1987）的方法，其公式可表示如下：

$$SI_t^{C-BRI} = 1 - \left(\frac{PGDP_t^{BRI}}{PGDP_t^{BRI}+PGDP_t^{C}}\right)^2 - \left(\frac{PGDP_t^{C}}{PGDP_t^{BRI}+PGDP_t^{C}}\right)^2$$

$$(5-41)$$

随后，采用两阶段最小二乘法（Two Stage Least Square，2SLS）进行回归检验，相应的估计结果见表5-3的第（1）列。从表中的回归结果可知，一方面，Kleibergen-Paap rank LM χ^2 检验统计量显著拒绝了工具变量识别不足的原假设，表明模型不存在变量识别不足的问题；另一方面，Kleibergen-Paap rank Wald F 检验统计量大于10%水平上的临界值，明显拒绝了工具变量弱识别的原假设，表明模型不存在弱工具变量的问题，因而外生性条件得到满足。并且，在第一阶段回归中，工具变量与内生变量间的相关性较强。由此可见，本节所构造的工具变量是合理有效的。

表5-3　稳健性检验结果

变量	内生性检验		变更服务开放指标		
	（1）构造 IV-2SLS	（2）滞后 IV-2SLS	（3）外资参股限制	（4）经合组织 FRI	（5）WIOD 测算
SOPEN	0.865 9*** (0.173 9)	0.643 7*** (0.162 5)			
SFDI			-0.531 3*** (0.152 7)		
SFRI				-0.382 4** (0.160 6)	
SOPENWIOD					0.486 7** (0.226 3)
CAP	-0.035 1*** (0.005 9)	-0.034 9*** (0.006 0)	-0.035 3*** (0.006 1)	-0.034 8*** (0.006 1)	-0.035 1*** (0.006 4)

[①]　这里采用人均国内生产总值的相似度作为权重，而非国内生产总值，主要是因为金砖国家间的人均 GDP 的相似度相较于 GDP 的相似度明显要高些，且相似度越近的国家，越有可能与中国具有相似的政策导向和影响对外开放的制度环境，使得知识密集型服务业开放政策的制定、实施与调整也越相似。

变量	内生性检验		变更服务开放指标		
	(1) 构造 IV-2SLS	(2) 滞后 IV-2SLS	(3) 外资 参股限制	(4) 经合组织 FRI	(5) WIOD 测算
SCALE	0.002 3*** (0.000 3)	0.002 2*** (0.000 3)	0.002 2*** (0.000 3)	0.002 0*** (0.000 3)	0.002 3*** (0.000 4)
AGE	0.006 4*** (0.001 8)	0.006 2*** (0.001 8)	0.006 3*** (0.001 9)	0.006 1*** (0.001 9)	0.005 7*** (0.002 0)
STATE	−0.001 7** (0.000 7)	−0.001 6** (0.000 7)	−0.001 9** (0.000 9)	−0.001 9** (0.000 9)	−0.002 1** (0.000 9)
PRO	−0.286 8*** (0.003 6)	−0.286 9*** (0.003 5)	−0.286 7*** (0.003 9)	−0.286 6*** (0.003 8)	−0.287 2*** (0.004 7)
HHI	−0.119 1*** (0.031 9)	−0.118 7*** (0.032 1)	−0.119 2*** (0.032 3)	−0.119 3*** (0.032 2)	−0.118 6*** (0.031 8)
FTARIFF	−0.002 1*** (0.000 7)	−0.001 6** (0.000 7)	−0.001 9** (0.000 9)	−0.001 9** (0.000 8)	−0.002 3*** (0.000 8)
MTARIFF	−0.004 4*** (0.000 7)	−0.004 3*** (0.000 6)	−0.004 5*** (0.000 7)	−0.004 4*** (0.000 7)	−0.004 9*** (0.000 7)
常数项	0.932 2*** (0.022 1)	0.962 7*** (0.027 9)	0.986 8*** (0.023 8)	0.973 7*** (0.024 0)	0.927 1*** (0.023 4)
企业固定效应	Y	Y	Y	Y	Y
年份固定效应	Y	Y	Y	Y	Y
Kleibergen−Paap rank LM χ^2 统计量	3 652.703*** [0.000 0]	2 418.748*** [0.000 0]			
Kleibergen−Paap rank Wald F 统计量	3.5e+05 {16.38}	2.6e+05 {16.38}			
观测值	210 271	98 438	210 271	210 271	210 271
R^2	0.276	0.268	0.276	0.276	0.276

注：*、**和***分别表示在10%、5%和1%的水平上显著；（）内的值是估计系数在行业层面聚类的稳健标准误；[ ]内的值是检验统计量对应的 P 值；{ }内的值是弱工具变量检验10%水平上的临界值；Y表示控制了相应的效应，N表示未控制。下表同。

具体地，本章所关注的核心解释变量 SOPEN 的估计系数为正，且通过了1%的显著性水平。这表明在缓解了可能存在的内生性问题后，知识密集型服务业开放对制造企业出口国内附加值率具有显著促进效用的结论仍旧成立。这里值得注意的是，此时 SOPEN 估计系数的数值相较于基准回归时有明显的增大，这表明在基准回归时可能因为存在内生性问题而使得估计结果产生了向下偏倚。

其次，参考许和连等（2017）的做法，使用核心解释变量 $SOPEN$ 的滞后1期及滞后2期作为其工具变量进行 $IV-2SLS$ 估计，相应的估计结果见表5-3的第（2）列。从其估计结果可知，采用滞后1期及滞后2期的工具变量仍通过了识别不足和弱识别的检验，且核心解释变量 $SOPEN$ 的回归系数仍显著为正。这说明本章前文关于回归模型的估计结果是正确的，相应的研究结论具有较好的稳定性，即知识密集型服务业开放能够促进制造企业出口国内附加值率的提升。

5.4.2.2 变更开放水平 $SOPEN$ 的测度指标

首先，服务贸易提供模式中的商业存在是以外商直接投资（FDI）形式体现的，其占比最大且极为重要。故可参照孙浦阳等（2018）的做法，利用国家发改委颁布并实施的《外商投资产业指导目录》中关于外资参股比例限制的约束规定①，同样基于源头维度从外资参股管制放松视角对知识密集型服务业开放水平进行刻画。先按照2002年版中国国民经济分类四分位服务业与该指导目录中涉及知识密集型服务业的规定条目进行匹配；再根据经合组合发布的全球外资限制指数（FDI Regulatory Restrictiveness Index，FRI）的构建方法，将外资参股比例限制分为外资参股比例为0（禁止外资准入）、外资参股比例低于50%（限制外资，如禁止外资控股及需中方控股）、外资参股比例低于100%（鼓励外资，如中方相对控股、禁止外资独资、限于合资合作方式）及外资参股比例等于100%（允许外商完全独资）四个限制层级，并对这四大层级依次赋值为1、0.5、0.25和0，最后基于投入产出表按照式（5-36）构造各制造业投入的知识密集型服务业开放指数 $SFDI$。根据该指标的构建方法可知，$SFDI$ 的数值越大，则表明对外资参股比例的限制就越大，相应的知识密集型服务业的开放水平也就越低。

表5-3的第（3）列统计了该指标变换的估计结果，其中核心解释变量

---

① 《外商投资产业指导目录》自1995年国家发改委颁布并实施以来，已经历了1997年、2002年、2004年、2007年、2011年、2015年以及2017年共计7次修订，针对各行业下细分的具体产品及服务条目按照禁止、限制、鼓励和允许四类情况进行划分。在本章的研究期间内，涉及1997年、2002年、2004年和2007年的指导目录，对于两个年份中间间隔的年份则采用其前面最近年份的目录进行分析，即2000年与2001年采用1997年的指导目录，2002年和2003年采用2002年的指导目录，2004年、2005年和2006年采用2004年的指导目录，2007年则采用2007年的指导目录。

$SFDI$ 的估计系数在 1% 的水平上显著为负。这表明知识密集型服务业外资参股限制的降低能够显著促进我国制造企业出口国内附加值率的增加，该结果再次证明了本章的研究假说 H1。具体地，在其他影响因素不变的情况下，知识密集型服务业外商参股限制每降低 1 个百分点，可以促进我国制造企业出口国内附加值率增加 0.53 个百分点，该促进程度略低于基准回归中的结果。

其次，借鉴李小帆和马弘（2019）的做法，利用经合组织颁布的全球外资限制指数 FRI 中涉及我国知识密集型服务业的 FDI 管制指数，来衡量其开放水平。同样，基于投入产出表，根据式（5－36）构造开放指数 $SFRI$。该指数基于经合组织对外国股权限制、歧视性筛选或批准机制、对主要外国人员的限制及业务限制四个维度的投资政策评估报告，可从宏观层面反映各国对外资的限制。该指数的数值越高，表明对外资的限制程度越高，相应的开放水平就越低。

从表 5－3 中第（4）列的估计结果可知，核心解释变量 $SFRI$ 的估计系数显著为负，表明基于经合组织的 FRI 投资政策评估框架衡量的知识密集型服务业开放对制造企业出口国内附加值率仍存在显著的促进作用。具体地，在控制其他影响因素不变的条件下，知识密集型服务业外商直接投资管制指数每降低 1 个百分点，可使我国制造企业出口国内附加值率提高 0.38 个百分点，同样该促进作用大小也略低于基准回归中的结果。该结果既验证了基准回归结果的稳健性，也从侧面反映了本章所构建的知识密集型服务业开放指标的全面性与准确性。

最后，鉴于我国的投入产出表每五年更新一次，无法及时反映变化情况。因此，这里改用世界投入产出数据库 WIOD 提供的国家投入产出表（National Input－Output Database，NIOD）中我国历年的投入产出情况，重新测算知识密集型服务业作为中间投入占制造业总投入的比例，该系数可反映投入产出随时间变化的情况，从而构建我国知识密集型服务业开放变量 $SOPENWIOD$。

从表 5－3 中第（5）列的估计结果可知，核心解释变量 $SOPENWIOD$ 依然显著为正。虽然其显著性有所下降，但系数符号没有变化，且估计值也未发生明显改变。这再次表明基准回归中知识密集型服务业开放对制造企业出口国内附加值率具有显著促进作用的结论是稳健的。

5.4.2.3 变更出口国内附加值率 $DVAR$ 的测度指标

首先，参考 Upward 等（2013）的做法，在不考虑中间贸易代理商的偏差调整情况下，直接采用企业层面的垂直专业化指标来测算制造企业出口国内附

加值率 $DVAR1$，相应的回归结果见表 5-4 中的第（1）列。由估计结果可知，核心解释变量 $SOPEN$ 的估计系数符号及显著性均无明显变化，仍在 1% 的水平上显著为正。这表明在测算出口国内附加值率时，是否考虑中间贸易代理商的偏差问题并不会改变前述研究结果。

其次，在测算被解释变量时，不考虑中间品、资本品及消费品的进口产品分类，可得到制造企业出口国内附加值率 $DVAR2$，其估计结果见表 5-4 中的第（2）列。从估计结果可知，核心解释变量 $SOPEN$ 仍显著为正，再次验证了知识密集型服务业开放对制造企业出口国内附加值率具有显著的正向促进作用。由此可见，改变被解释变量的衡量方式并不会改变所得到的研究结论，本章中的研究假说 H1 是比较稳健的。

5.4.2.4 变更观测样本偏差的检验

首先，为避免观测样本的异常值而导致样本偏差，在进行工企数据库与海关数据库匹配时，对企业样本进行两端各 1% 的 Winsorize 缩尾处理，剔除可能的异常值后再进行计量回归检验，相应的估计结果见表 5-4 中的第（3）列。

表 5-4　稳健性检验结果（续）

变量	变更 $DVAR$ 指标		变更观测样本	
	（1）$DVAR1$	（2）$DVAR2$	（3）缩尾处理	（4）持续出口
$SOPEN$	0.524 9***	0.548 6***	0.595 7***	0.688 3**
	(0.112 5)	(0.108 9)	(0.116 2)	(0.292 8)
CAP	−0.032 9***	−0.034 3***	−0.033 8***	−0.065 9***
	(0.007 3)	(0.007 5)	(0.005 8)	(0.018 2)
$SCALE$	0.001 7***	0.001 9***	0.001 7***	0.005 3***
	(0.000 5)	(0.000 4)	(0.000 3)	(0.001 6)
AGE	0.005 9***	0.005 7***	0.006 4***	0.011 8***
	(0.001 7)	(0.001 7)	(0.001 8)	(0.003 3)
$STATE$	−0.001 7**	−0.001 6**	−0.001 6**	−0.002 7**
	(0.000 8)	(0.000 8)	(0.000 7)	(0.001 3)
PRO	−0.269 2***	−0.264 8***	−0.283 5***	−0.351 4***
	(0.003 7)	(0.003 5)	(0.003 9)	(0.028 8)
HHI	−0.110 5***	−0.108 9***	−0.115 8***	−0.198 1***
	(0.028 7)	(0.027 9)	(0.031 7)	(0.050 4)

变量	变更 DVAR 指标		变更观测样本	
	(1) DVAR1	(2) DVAR2	(3) 缩尾处理	(4) 持续出口
FTARIFF	−0.002 0**	−0.001 9**	0.001 7**	−0.004 2***
	(0.000 9)	(0.000 8)	(0.000 7)	(0.001 4)
MTARIFF	−0.005 8***	−0.005 6***	−0.004 1***	−0.009 5***
	(0.000 8)	(0.000 8)	(0.000 7)	(0.003 2)
常数项	0.932 2***	0.929 8***	0.940 8***	0.762 0***
	(0.020 3)	(0.021 8)	(0.020 8)	(0.039 8)
企业固定效应	Y	Y	Y	Y
年份固定效应	Y	Y	Y	Y
观测值	210 271	210 271	206 014	121 09
R^2	0.276	0.276	0.231	0.147

其次，为避免企业进入与退出行为而产生企业出口中断的情况，此处仅保留在研究期间持续出口的企业样本进行回归分析，相应的估计结果见表5-4中的第（4）列。

从表5-4中第（3）列和第（4）列的估计结果可知，核心解释变量 SOPEN 的估计系数仍显著为正，表明在进行缩尾处理剔除异常值及考察企业持续出口行为的样本中，基准回归所得的结论仍然成立。可见，知识密集型服务业开放能够显著促进制造企业出口国内附加值率提升的结论是稳健的。

5.4.3　异质性分析回归结果

5.4.3.1　出口贸易方式的异质性

根据出口贸易方式的不同，此处将制造企业划分为纯一般贸易型企业、纯加工贸易型企业和混合贸易型企业三种类型[①]，并分别进行子样本的回归分析，相应的估计结果见表5-5中的第（1）列至第（3）列。从结果可知，在其他影响因素不变的情况下，核心解释变量 SOPEN 的估计系数均显著为正，

---

① 纯一般贸易型企业指该制造企业的加工出口份额为0，即全部内销，属于式（5-37）中的纯一般贸易型企业（o）；纯加工贸易型企业指该制造企业的加工出口份额为1，即全部出口，属于式（5-38）中的纯加工贸易型企业（p）；混合贸易型企业指该制造企业的加工出口份额在0到1之间，即同时存在内销和出口，属于式（5-39）中的混合贸易型企业（m）。从样本量的统计情况来看，我国大部分制造企业采用的是混合型出口贸易方式。

表明知识密集型服务业开放对三种出口贸易方式下制造企业出口国内附加值率均具有明显的促进效应。

表 5-5 出口贸易方式异质性的回归结果①

变量	(1) 纯一般贸易	(2) 纯加工贸易	(3) 混合贸易	(4) 全样本
SOPEN	0.741 3*** (0.081 4)	0.382 1*** (0.138 9)	0.469 7*** (0.157 6)	0.683 7*** (0.117 4)
DUMP * SOPEN				−0.313 8*** (0.091 9)
DUMM * SOPEN				−0.278 1*** (0.071 3)
DUMP				−0.195 2*** (0.059 1)
DUMM				−0.098 3*** (0.034 4)
CAP	−0.042 6*** (0.007 9)	−0.036 9*** (0.006 7)	−0.034 9*** (0.006 1)	−0.035 8*** (0.006 4)
SCALE	0.002 4*** (0.000 5)	0.002 7*** (0.000 6)	0.002 3*** (0.000 4)	0.002 0*** (0.000 4)
AGE	0.007 3*** (0.002 2)	0.007 8*** (0.002 4)	0.006 7*** (0.002 0)	0.006 8*** (0.002 0)
STATE	−0.002 4*** (0.000 7)	−0.002 8** (0.000 12)	−0.002 0** (0.000 9)	−0.001 9** (0.000 9)
HHI	−0.127 5*** (0.034 4)	−0.132 7*** (0.035 9)	−0.117 4*** (0.031 1)	−0.121 1*** (0.034 3)
FTARIFF	−0.001 3* (0.000 7)	−0.002 4*** (0.000 6)	−0.002 1** (0.000 9)	−0.001 8** (0.000 7)
MTARIFF	−0.005 8*** (0.001 1)	−0.007 5*** (0.001 3)	−0.004 9*** (0.000 10)	−0.005 2*** (0.000 9)
常数项	0.904 1*** (0.027 7)	0.928 6*** (0.026 3)	0.947 9*** (0.023 4)	0.984 1*** (0.024 9)
企业固定效应	Y	Y	Y	Y

---

① 为避免多重共线性问题，这里剔除了控制变量中的企业是否从事加工贸易出口 (PRO)。

变量	(1) 纯一般贸易	(2) 纯加工贸易	(3) 混合贸易	(4) 全样本
年份固定效应	Y	Y	Y	Y
观测值	67 172	32 714	110 385	210 271
R^2	0.249	0.218	0.253	0.317

注：*、** 和 *** 分别表示在10%、5%和1%的水平上显著，( ) 小括号内的值是估计系数在行业层面聚类的稳健标准误。Y 表示控制了相应的效应，N 表示未控制。下表同。

进一步地，为使得该促进作用在不同出口贸易方式下的效应大小具有可比性[①]，此处以纯一般贸易型企业为基准，在回归中引入纯加工贸易型企业的虚拟变量 $DUMP$、混合贸易型企业的虚拟变量 $DUMM$ 及这两个虚拟变量与核心解释变量的乘积交互项 $DUMP * SOPEN$ 与 $DUMM * SOPEN$，相应的估计结果见表5-5中的第（4）列。由第（4）列全样本的估计结果可知，核心解释变量 $SOPEN$ 的估计系数显著为正，表明知识密集型服务业开放能够促进纯一般贸易型企业的出口国内附加值率。同时，$SOPEN$ 与两个出口贸易方式虚拟变量乘积交互项的估计系数均显著为负，这表明相比于纯一般贸易型企业而言，知识密集型服务业开放对纯加工贸易型企业和混合贸易型企业出口国内附加值率的促进效应确实存在明显差异。其中，知识密集型服务业开放对纯一般贸易型企业出口国内附加值率的促进效应最大，而对混合贸易型企业出口国内附加值率的促进效应次之，对纯加工贸易型企业出口国内附加值率的促进效应相对较小。这主要是因为纯加工贸易是以来料加工及进料组装为主，通过简单的加工制造进而出口，该生产模式在国内着重于加工装配环节，产品的研发、创新及设计均由国外厂商提供，使得知识密集型服务业开放所带来的知识外溢、技术提升、服务多样化等对该类型制造企业产品增加值的提升效应有限。并且，加工贸易的附加值创造能力本就较低，这也在一定程度上削弱了知识密集型服务业开放对该类型企业出口国内附加值率的促进效应。

5.4.3.2 企业所有制类型的异质性

根据企业注册类型的不同，此处将制造企业划分为国有企业、民营企业和

---

① 在三种出口贸易方式的分样本回归中，$SOPEN$ 的估计系数不能直接比较大小，因为不同子样本之间的同一变量估计系数值大小不具有可比性。

外资企业三种类型[1]，以分析知识密集型服务业开放对不同所有制企业的作用大小，各子样本的回归结果见表5-6中的第（1）列至第（3）列。从其估计结果可知，在其他影响因素不变时，核心解释变量 SOPEN 的估计系数在三种企业所有制类型回归中均显著为正，这表明知识密集型服务业开放对这三类制造企业的出口国内附加值率均存在正向促进作用。

表5-6　企业所有制类型异质性的回归结果[2]

变量	（1）国有企业	（2）民营企业	（3）外资企业	（4）全样本
SOPEN	0.441 6*** (0.075 9)	0.674 5*** (0.097 8)	0.564 1*** (0.106 5)	0.468 3*** (0.118 5)
DUMPRI * SOPEN				0.232 0*** (0.065 3)
DUMFOR * SOPEN				0.047 5* (0.027 1)
DUMPRI				0.003 8** (0.001 5)
DUMFOR				−0.002 0 (0.001 6)
CAP	−0.025 9*** (0.008 4)	−0.030 9*** (0.007 3)	−0.033 1*** (0.006 4)	−0.035 2*** (0.006 3)
SCALE	0.002 6*** (0.000 4)	0.002 3*** (0.000 4)	0.002 9*** (0.000 4)	0.002 2*** (0.000 4)
AGE	0.011 3*** (0.001 6)	0.008 2*** (0.001 8)	0.006 2*** (0.002 1)	0.006 7*** (0.002 0)
PRO	−0.208 6*** (0.007 2)	−0.253 1*** (0.005 9)	−0.286 1*** (0.005 2)	−0.287 7*** (0.004 2)
HHI	−0.175 1*** (0.028 8)	−0.122 8*** (0.031 6)	−0.127 3*** (0.030 4)	−0.118 6*** (0.032 4)

[1]　这里按照登记注册类型及实收资本占比进行划分，将注册类型为110、141、143、151以及130、150、160中国有资金占实收资本大于及等于50%的企业定义为国有企业，将注册类型为200、210、220、230、240的港澳台企业以及300、310、320、330、340的外国投资与中外合资企业中港澳台资本或国外资本占企业实收资本50%及以上的划归为外资企业，其余的则划归为民营企业。

[2]　为避免多重共线性问题，这里剔除了控制变量中的企业性质（STATE）。

变量	（1）国有企业	（2）民营企业	（3）外资企业	（4）全样本
FTARIFF	-0.0015^{**} (0.0007)	-0.0019^{**} (0.0008)	-0.0019^{**} (0.0008)	-0.0019^{**} (0.0007)
MTARIFF	-0.0067^{***} (0.0012)	-0.0058^{***} (0.0009)	-0.0052^{***} (0.0008)	-0.0049^{***} (0.0007)
常数项	0.8749^{***} (0.0316)	0.9104^{***} (0.0249)	0.9479^{***} (0.0263)	0.9381^{***} (0.0247)
企业固定效应	Y	Y	Y	Y
年份固定效应	Y	Y	Y	Y
观测值	29 217	137 378	43 676	210 271
R^2	0.213	0.257	0.269	0.294

进一步地，这里以国有企业为基准，在回归中引入民营企业的虚拟变量 *DUMPRI*、外资企业的虚拟变量 *DUMFOR* 以及这两个虚拟变量与核心解释变量的乘积交互项 *DUMPRI* * *SOPEN* 与 *DUMFOR* * *SOPEN*，相应的估计结果见表5-6中的第（4）列。由该全样本的估计结果可知，核心解释变量 *SOPEN* 的估计系数在1%的水平上显著为正，这再次证明了本章的研究假说 H1。此外，两个乘积交互项的估计系数均显著为正，表明在不同企业所有制类型下知识密集型服务业开放的促进作用大小存在差异。相较于国有企业而言，民营企业和外资企业出口国内附加值率受到知识密集型服务业开放的促进作用更大，尤其是民营企业。究其原因，民营企业并不像国有企业那样具有政府依附性质，在融资约束、服务供应及政策优惠等方面均存在诸多限制。而随着知识密集型服务业开放水平的提升，民营企业可获得更多的外部融资、高端服务等资源，以及知识技术外溢效应、投入产出涟漪效应等开放红利，这些都有助于提高民营企业的生产效率、研发创新动力、产品定价能力等，从而使得知识密集型服务业开放对民营企业出口国内附加值率的提升效应更强。

5.4.3.3　行业要素密集度的异质性

按照行业要素密集度的不同，此处将制造企业划分为劳动密集型企业、资本密集型企业和技术密集型企业三种类型①，进而分析不同要素密集度企业在知识密集型服务业开放水平不断增加下出口国内附加值率的变化情况，这里进行三类子样本的回归，其结果见表5-7中的第（1）列至第（3）列。根据回归中核心解释变量 $SOPEN$ 的估计系数可知，知识密集型服务业开放对资本密集型企业和技术密集型企业出口国内附加值率均具有明显的促进作用；而对于劳动密集型企业而言，虽存在正向影响，但其促进作用尚不显著。

表5-7 行业要素密集度异质性的回归结果

变量	（1）劳动密集型企业	（2）资本密集型企业	（3）技术密集型企业	（4）全样本
$SOPEN$	0.187 9 （0.118 1）	0.646 7*** （0.102 8）	0.754 1*** （0.112 1）	0.619 7*** （0.118 9）
$DUMLAB * SOPEN$				−0.227 8 （0.143 2）
$DUMTEC * SOPEN$				0.168 3*** （0.057 1）
$DUMLAB$				−0.004 2 （0.002 7）
$DUMTEC$				0.009 3*** （0.002 8）

① 这里以行业要素密集度进行划分，本章主要基于研发强度与人均固定资产两类标准进行判定，此处研发强度用研发人员数量占全部从业人员年均数的比例进行衡量，人均固定资产（K/L）用固定资产除以全部从业人员年均数的比值进行衡量。其中，研发强度大于全行业平均值的划归为技术密集型行业，人均固定资产大于及等于非技术性密集型剩余行业中位数的划归为资本密集型行业，人均固定资产小于非技术性密集型剩余行业中位数的划归为劳动密集型行业，该划分总体上可以反映三类要素密集行业的特征。具体地，劳动密集型制造行业包括纺织业，纺织服装、鞋、帽制造业，皮革、毛皮、羽毛（绒）及其制品业，木材加工及木、竹、藤、棕、草制品业，家具制造业，印刷业和记录媒介的复制，文教体育用品制造业，橡胶制品业，塑料制品业，工艺品及其他制造业；资本密集型制造行业包括农副食品加工业，食品制造业，饮料制造业，烟草制品业，造纸及纸制品业，石油加工、炼焦及核燃料加工业，非金属矿物制品业，黑色金属冶炼及压延加工业，有色金属冶炼及压延加工业，金属制品业，废弃资源和废旧材料回收加工业；技术密集型制造业包括化学原料及化学制品制造业，医药制造业，化学纤维制造业，通用设备制造业，专用设备制造业，交通运输设备制造业，电气机械及器材制造业，通信设备、计算机及其他电子设备制造业，仪器仪表及文化、办公用机械制造业。

变量	(1) 劳动密集型企业	(2) 资本密集型企业	(3) 技术密集型企业	(4) 全样本
CAP	−0.034 1*** (0.006 8)	−0.031 7*** (0.007 1)	−0.033 8*** (0.006 9)	−0.035 5*** (0.006 4)
SCALE	0.002 9*** (0.000 4)	0.002 5*** (0.000 4)	0.002 4*** (0.000 4)	0.002 2*** (0.000 4)
AGE	0.009 5*** (0.002 4)	0.007 7*** (0.002 1)	0.006 9*** (0.002 2)	0.006 6*** (0.002 0)
STATE	−0.002 3* (0.001 2)	−0.002 2** (0.001 0)	−0.002 1** (0.000 9)	−0.001 9* (0.001 0)
PRO	−0.196 5*** (0.008 9)	−0.248 8*** (0.007 4)	−0.235 1*** (0.005 6)	−0.286 9*** (0.004 3)
HHI	−0.157 2*** (0.030 2)	−0.136 4*** (0.031 9)	−0.147 9*** (0.031 1)	−0.119 5*** (0.032 7)
FTARIFF	−0.002 2*** (0.000 6)	−0.002 0** (0.000 9)	−0.002 0** (0.000 8)	−0.001 9** (0.000 8)
MTARIFF	−0.006 6*** (0.001 1)	−0.005 1*** (0.000 8)	−0.005 6*** (0.000 8)	−0.004 8*** (0.000 7)
常数项	0.942 8*** (0.028 8)	0.934 4*** (0.026 4)	0.919 8*** (0.027 5)	0.927 7*** (0.024 3)
企业固定效应	Y	Y	Y	Y
年份固定效应	Y	Y	Y	Y
观测值	73 738	67 142	69 391	210 271
R^2	0.157	0.241	0.264	0.281

进一步地，以资本密集型企业为基准，在回归中引入劳动密集型企业的虚拟变量 DUMLAB、技术密集型企业的虚拟变量 DUMTEC 以及这两个虚拟变量与核心解释变量的乘积交互项 DUMLAB * SOPEN 与 DUMTEC * SOPEN，相应的估计结果见表5-7中的第（4）列。根据该全样本的估计结果可知，核心解释变量 SOPEN 的估计系数仍显著为正，表明开放政策的促进效应明显。另外，乘积交互项 DUMLAB * SOPEN 的估计系数并未通过显著性检验，表明知识密集型服务业开放对劳动密集型企业出口国内附加值率并未产生显著的促进效应。而乘积交互项 DUMTEC * SOPEN 的估计系数显著为正，表明相较于资本密集型企业而言，知识密集型服务业开放对技术密集型

企业出口国内附加值率产生了更大的促进作用。显然，技术密集型企业对于知识技术的依赖性更强，其产品具有高知识技术含量、高竞争性及高额利润等特点，而集技术、信息和知识于一体的知识密集型服务业开放，能够带来一系列的研发创新服务、信息传输技术、先进科学知识供应等要素资源，对企业产品的价值增值、自主研发及技术进步等的贡献度尤为显著，能够极大幅度地提升技术密集型企业的出口国内附加值率。

5.4.3.4 地区类型的异质性

按照所处地域的不同，此处将制造企业划分为东部地区企业、中部地区企业、西部地区企业三种类型①，以讨论我国不同地区知识密集型服务业开放对该区域内制造企业出口国内附加值率的影响效应，相应的估计结果见表5-8中的第（1）列至第（3）列。从表中估计结果可知，在东部地区和中部地区的子样本中，核心解释变量SOPEN的估计系数显著为正；而在西部地区的子样本中，该系数虽为正但并未通过显著性检验。这表明知识密集型服务业开放能够明显提高我国中部地区、东部地区制造企业的出口国内附加值率，而对西部地区的提升效应尚不明显。

表5-8 地区类型异质性的回归结果

变量	（1）东部地区企业	（2）中部地区企业	（3）西部地区企业	（4）全样本
SOPEN	0.599 4*** (0.114 7)	0.693 1*** (0.109 8)	0.269 2 (0.178 2)	0.571 7*** (0.119 1)
*DUMMID * SOPEN*				0.140 8*** (0.396)
*DUMWES * SOPEN*				−0.074 9 (0.047 1)
DUMMID				0.016 3*** (0.005 7)
DUMWES				0.007 9 (0.006 4)

① 这里以企业所处的地域进行划分，其中东部地区包括北京、天津、河北、辽宁、上海、江苏、浙江、福建、山东、广东、广西、海南共12个省、自治区、直辖市；中部地区包括山西、内蒙古、吉林、黑龙江、安徽、江西、河南、湖北、湖南共9个省、自治区、直辖市；西部地区包括四川、重庆、贵州、云南、西藏、陕西、甘肃、宁夏、青海、新疆共10个省、自治区、直辖市。

变量	（1）东部地区企业	（2）中部地区企业	（3）西部地区企业	（4）全样本
CAP	−0.035 2*** (0.006 5)	−0.037 6*** (0.007 9)	−0.039 5*** (0.008 2)	−0.035 3*** (0.006 3)
SCALE	0.002 3*** (0.000 4)	0.002 6*** (0.000 5)	0.003 2*** (0.000 6)	0.002 3*** (0.000 4)
AGE	0.006 3*** (0.002 0)	0.007 9*** (0.002 2)	0.008 5*** (0.002 4)	0.006 7*** (0.001 9)
STATE	−0.002 0** (0.000 9)	−0.002 7** (0.001 1)	−0.002 7** (0.000 12)	−0.001 9** (0.000 9)
PRO	−0.273 6*** (0.004 7)	−0.249 9*** (0.006 8)	−0.318 3*** (0.007 9)	−0.287 1*** (0.004 4)
HHI	−0.120 5*** (0.032 9)	−0.126 5*** (0.035 5)	−0.136 6*** (0.039 1)	−0.119 8*** (0.033 1)
FTARIFF	−0.001 9*** (0.000 9)	−0.002 1** (0.000 9)	−0.002 4** (0.000 9)	−0.001 9** (0.000 8)
MTARIFF	−0.004 9*** (0.000 8)	−0.005 5*** (0.000 9)	−0.006 2*** (0.000 9)	−0.004 7*** (0.000 7)
常数项	0.926 8*** (0.026 9)	0.918*** (0.025 7)	0.947 1*** (0.031 2)	0.935 5*** (0.024 9)
企业固定效应	Y	Y	Y	Y
年份固定效应	Y	Y	Y	Y
观测值	201 264	6 490	2 517	210 271
R^2	0.272	0.259	0.228	0.285

进一步地，以东部地区企业为基准，在回归中引入中部地区企业的虚拟变量 DUMMID、西部地区企业的虚拟变量 DUMWES 以及这两个虚拟变量与核心解释变量的乘积交互项 DUMMID * SOPEN 与 DUMWES * SOPEN，相应的估计结果见表5-8中的第（4）列。根据该估计结果可知，核心解释变量 SOPEN 的估计系数在1%的水平上显著为正，表明知识密集型服务业开放对东部地区制造企业出口国内附加值率存在显著的促进效应。对于乘积交互项而言，DUMMID * SOPEN 的估计系数显著为正，表明相较于东部地区制造企业而言，知识密集型服务业开放对我国中部地区制造企业出口国内附加值率的促进作用更大；而乘积交互项 DUMWES * SOPEN 的估计系数未通过显著性

检验，表明知识密集型服务业开放对我国西部地区制造企业出口国内附加值率的促进效应并不显著。自改革开放以来，我国各区域的制造业就凭借地理位置、资源禀赋、产业基础等优势先后发展起来，但其发展并不平衡。其中，东部地区凭借沿海区位优势、试点优惠政策等得到率先发展，其外向型经济发展较早且相对更为发达，这使得知识密集型服务业开放虽仍能显著促进东部区域内制造企业出口国内附加值率的提升，但服务业开放的边际促进作用相对有限。另外，西部地区的制造企业多以劳动密集型为主，中低端制造企业偏多，对知识密集型服务要素的需求有限，相应的出口国内附加值较低，这就使得知识密集型服务业开放对西部区域内制造企业出口国内附加值率的提升作用并不明显。而中部地区的制造企业则偏资本及技术密集型，对知识密集型服务要素具有旺盛的需求，但又面临着融资约束、服务供应渠道短缺、政策优势不足等问题，因而随着知识密集型服务业开放水平的不断提升，其对中部区域内制造企业出口国内附加值率的提升作用更为明显。未来，随着"一带一路"倡议、中部地区崛起等国家战略的不断深化，知识密集型服务业开放的促进作用将更为明显。

5.5 影响机制检验的回归分析

5.5.1 中介效应模型设计与变量选取

本章在上一小节中分析了知识密集型服务业开放对我国制造企业出口国内附加值率的促进作用，并验证了本章的研究假说 H1，本小节将进一步通过构建中介效应模型来检验知识密集型服务业开放促进作用的影响机制，即研究假说 H2 中的机制检验。

根据本章 5.2 小节中数理模型推导所得到的影响机制，此处选取国外进口中间品的相对价格 P^I/P^D 以及企业成本加成 ϕ 作为中介变量。具体而言，分两步进行影响机制的检验：第一步，将两个中介变量分别对核心解释变量 $SOPEN$ 进行回归估计；第二步，将被解释变量 $DVAR$ 同时对核心解释变量 $SOPEN$ 及中介变量进行回归估计。因此，按照该分析思路，本小节完整的机制检验计量模型如下：

$$(P^I/P^D)_{jt} = \alpha + \beta SOPEN_{jt} + \gamma \vec{X} + \upsilon_j + \delta_t + \varepsilon_{ijt} \qquad (5-43)$$

$$\psi_{ijt} = \alpha + \beta SOPEN_{jt} + \gamma \vec{X} + \varphi_i + \delta_t + \varepsilon_{ijt} \qquad (5-44)$$

$$DVAR_{ijt} = \alpha + \beta SOPEN_{jt} + \nu_1 (P^I/P^D)_{jt} + \nu_2 \psi_{ijt} + \gamma \vec{X} + \varphi_i + \delta_t + \varepsilon_{ijt}$$

$$\qquad (5-45)$$

其中，$(P^I/P^D)_{jt}$ 为制造业 j 在 t 年的进口国外中间品相对于国内中间品的价格，但受现有数据限制，暂无法直接衡量该变量。故此处参考 Kee 和 Tang（2016）及邵朝对等（2020）的做法，用可供我国制造企业选择的国内中间品种类数 $KIND$ 来衡量国外进口中间品的相对价格 P^I/P^D。理论上，企业可选择的国内中间品种类数越多，则国内中间品的相对价格就越便宜（韩峰等，2020），相应的国外进口中间品的相对价格就越高，可见 $KIND$ 与 P^I/P^D 呈正比例关系。这里采用制造企业所属行业层面的上游中间投入行业通过一般贸易形式出口的 HS6 位码产品的种类数来表示 $KIND$，其计算公式为 $KIND_{jt} = \sum_{m \in \Omega_j} \eta_{mjt} \times \ln N_{jt}$，此处的 η_{mjt} 为制造业 j 的中间投入行业 m 的投入比重，N_{jt} 为中间投入行业 m 通过一般贸易形式出口的产品种类数。ψ_{ijt} 为制造业 j 中的 i 企业在 t 年的成本加成率。此处参考 Loecker 和 Warzynski（2012）的做法，采用公式 $\psi_{ijt} = \varphi_{ijt}^m / \vartheta_{ijt}^m$ 进行计算。该式中，φ_{ijt}^m 为制造企业 i 中间投入的产出弹性，可由 LP 方法①估计企业的生产函数得到，ϑ_{ijt}^m 为制造企业 i 中间投入产品的支出成本占企业总销售收入的比重。控制变量集合 $\vec{X}$ 与基准回归模型中的保持一致。

5.5.2　回归结果分析

影响机制检验的回归估计结果见表 5—9，其中第（1）列和第（2）列汇报了第一步的估计结果，即式（5—43）和式（5—44）以两个中介变量为被解释变量而进行的回归估计；第（3）列至第（5）列汇报了第二步的估计结果，即式（5—45）在基准回归模型的解释变量中分别加入及同时加入两个中介变量后的估计结果。

由表 5—9 中的第（1）列和第（2）列的估计结果可知，核心解释变量 $SOPEN$ 的估计系数均显著为正，表明知识密集型服务业开放能够显著提升用于衡量国外进口中间品相对价格的国内中间品种类数，同时也能够明显增加制造企业的成本加成率。可见，随着我国知识密集型服务业开放水平的逐步提

---

① 这里也可采用 OP 方法估计企业中间投入的产出弹性，其结果并无显著差异。

升，其对以上两个中介变量均具有显著的促进作用，这与数理模型推导过程中的式（5-31）和式（5-33）相对应。知识密集型服务业作为制造企业最终产品及中间品生产链中的重要投入要素，其开放政策的逐步兑现与外资限制壁垒的不断降低，能够有效激活市场竞争，增加制造企业可选择的服务种类数，降低国内市场的服务要素价格，提高服务质量，增进服务附加值。由此可知，一方面，知识密集型服务业开放能够直接或间接地降低国内中间品价格，进而提高国外进口中间品的相对价格；另一方面，知识密集型服务业开放通过增强企业的产品定价能力，以及有效提升企业的生产效率，进而可以促进企业的成本加成率。

由表5-9中的第（3）列至第（5）列的估计结果可知，衡量国外进口中间品相对价格的国内中间品种类数及制造企业的成本加成率均与被解释变量之间存在显著的正相关关系，表明这两个中介变量均能够显著促进制造企业出口国内附加值率的增加，这与数理模型推导过程中的式（5-28）和式（5-29）相对应。然而，在控制了这两个中介变量后，虽然核心解释变量 SOPEN 的估计系数仍显著为正，但是其系数值大小相较于基准回归估计表5-2中第（1）列的相应数值降低了不少，且显著性也有所下降，即存在部分中介效应。

综上可知，提高国外进口中间品的相对价格及提升制造企业的成本加成率均是知识密集型服务业开放促进制造企业出口国内附加值率提升的作用渠道，上述检验证明了本章的研究假说 H2。

表5-9　影响机制检验的回归结果

变量	(1)	(2)	(3)	(4)	(5)
	P^I/P^D	ψ	DVAR	DVAR	DVAR
SOPEN	2.517 4** (0.998 8)	0.549 6*** (0.122 1)	0.317 5** (0.129 5)	0.287 7*** (0.104 8)	0.218 4* (0.124 8)
P^I/P^D			0.048 3*** (0.012 3)		0.041 3*** (0.012 9)
ψ				0.038 8*** (0.009 2)	0.035 4*** (0.009 8)
CAP		−0.076 2*** (0.017 3)	−0.034 8*** (0.006 3)	−0.034 8*** (0.006 3)	−0.034 9*** (0.006 4)
SCALE		0.016 5*** (0.003 4)	0.002 2*** (0.000 3)	0.002 3*** (0.000 4)	0.002 4*** (0.000 4)

变量	(1)	(2)	(3)	(4)	(5)
	P^I/P^D	ψ	DVAR	DVAR	DVAR
AGE		0.012 8*** (0.023)	0.006 6*** (0.001 9)	0.006 7*** (0.001 9)	0.006 9*** (0.001 21)
STATE		−0.009 7** (0.002 2)	−0.001 8** (0.000 8)	−0.001 8** (0.000 8)	−0.001 9** (0.000 9)
PRO		−0.510 6*** (0.026 9)	−0.286 8*** (0.004 3)	−0.2869*** (0.004 3)	−0.287 2*** (0.004 3)
HHI	−1.258 2*** (0.179 6).	−0.336 5*** (0.068 8)	−0.119 9*** (0.032 7)	−0.119 9*** (0.032 8)	−0.120 8*** (0.033 1)
FTARIFF	−0.781*** (0.015 3)	−0.098 5** (0.014 4)	−0.001 8** (0.000 9)	−0.001 9** (0.000 8)	−0.001 9** (0.000 9)
MTARIFF	−1.006 3*** (0.012 9)	−0.195 3*** (0.021 4)	−0.004 7*** (0.000 7)	−0.004 8*** (0.000 8)	−0.004 9*** (0.000 8)
常数项	6.097 4*** (0.856 5)	2.479 1*** (0.773 6)	0.948 8*** (0.023 7)	0.941 7*** (0.023 5)	0.932 8*** (0.024 2)
时间固定	Y	Y	Y	Y	Y
企业固定	N	Y	Y	Y	Y
行业固定	Y	N	N	N	N
观测值	1 108	210 271	210 271	210 271	210 271
R^2	0.918	0.092	0.279	0.279	0.279

5.6　本章小结

当前，我国经济正处于由高速增长阶段转向高质量发展阶段，面对转变发展方式、优化经济结构、转换增长动力的挑战，构建全面开放新格局、提升企业全球价值链是建设现代化经济体系、实现开放与发展并重的核心任务。企业出口国内附加值率作为衡量企业在全球价值链中附加值获取能力的重要指标，是实现我国制造业出口贸易高质量发展的关键，提升该附加值率不仅需要传统的生产要素投入，还越来越依赖于大量的知识密集型服务要素对于技术、创新、研发、资金等的有效支持。在此背景下，本章基于 Kee 和 Tang（2016）的理论分析框架，从微观层面扩展了包含知识密集型服务业开放与企业出口国内附加值率在内的数学模型，利用比较静态分析方法推导出两者间的数理关系及其作用渠道，进而使用 2000—2007 年企业层面的微观数据，对所提出的研究假说进行实证检验。

本章主要有如下结论。

在总体上，知识密集型服务业开放水平可显著促进我国制造企业出口国内附加值率的提升，这一结论在考虑了内生性问题、替换关键变量衡量方式及变更观测样本偏差等一系列稳健性检验后依然成立。

在细分服务部门上，科学研究与技术服务业开放的促进作用最大，其次是金融服务业的开放，再次是计算机与软件服务业的开放，而商业服务业开放的促进作用相对较小。

在异质性检验上，知识密集型服务业开放对企业出口国内附加值率的促进作用大小随着纯一般贸易型、混合贸易型、纯加工贸易型三种出口贸易类型而依次降低；同时，也随着民营企业、外资企业、国有企业三种企业所有制类型而依次降低。此外，就行业要素密集度而言，知识密集型服务业开放对技术密集型企业出口国内附加值率的促进作用最大，其次是资本密集型企业，而对劳动密集型企业尚未产生显著的促进效应。就区域划分而言，知识密集型服务业开放对中部地区制造企业出口国内附加值率的促进作用最大，其次是东部地区，而对西部地区的促进作用尚不显著。

在影响机制的检验上，提高国外进口中间品的相对价格及企业成本加成率是知识密集型服务业开放影响制造企业出口国内附加值率的两个作用渠道。

6 生产性服务业集聚、贸易开放与制造企业全要素生产率

上一章考察了知识密集型服务业开放对我国制造企业出口国内附加值率的影响，本章将进一步以生产性服务业为研究对象，深入分析产业集聚、贸易开放与企业全要素生产率之间的关系。众所周知，当前我国经济运行的主要矛盾仍然是供给侧结构性的，而现代服务业与先进制造业的深度融合发展，将是我国未来供给侧结构性改革及建设制造强国的重要任务。其中，生产性服务业又是现代服务业发展的重中之重，其作为一种动态创新要素，可通过高级中间要素投入、知识技术外溢、专业化服务等方式去协调并关联于制造业。企业的全要素生产率包含资源配置、效率改善、技术进步、管理水平等因素的信息，刻画了要素投入与产出转化的总体效率，是衡量企业生产效率的重要指标。那么，我国地区间的生产性服务业集聚与开放对微观制造企业的全要素生产率影响如何？是否已出现了因过度集聚而产生的负面效应？生产性服务业集聚又能否调节其贸易开放对企业全要素生产率的作用效果？这些问题都将在本章中得到解答。

6.1 研究背景

当前，国际上对于政治、经济、公共安全等调整日益复杂，不确定性在持续增强。在国内，党的十九大报告指出"我国经济已由高速增长阶段转向高质量发展阶段，正处于转变发展方式、优化经济结构、转换增长动力的攻关期"。基于此，国家提出了构建新发展格局的重大发展战略，以内循环为主、外循环赋能、双循环畅通高效，将是我国今后的发展模式与时代特征（江小涓和孟丽君，2021）。随着国际国内双循环的有效融合与对接，资源跨区域间的流动将更为频繁，生产要素将在国际国内之间更加自由地流动，以

优化配置。以产业链集群为特征的产业集聚、以供应链多元化为目标的贸易开放，在经济不确定性增强背景下就成为我国产业调整与优化布局的重要应对措施。2021年12月，中央经济工作会议明确指出，坚持高质量发展，扩大高水平对外开放，增强科技创新能力，保障产业链供应链稳定，以高水平开放促进深层次改革、推动高质量发展。在此背景下，面对高质量发展与高水平开放的"双高"目标，生产性服务业作为具有高知识密集度及高附加值的高技术服务行业代表，其产业集聚与贸易开放就成为一国经济可持续发展的重要制高点。

随着专业化分工程度的加深及信息通信技术产业的快速发展，生产性服务业已从制造链条中剥离出来，完成了从"润滑剂作用的管理功能→生产力作用的促进功能→推进器作用的战略功能"的嬗变（余泳泽等，2016）。其中，生产性服务业集聚作为一种表征本地化的内循环模式，一方面，可通过有效衔接生产网络，进而达到产业间生产要素共享、人才共享、技术共享的目的，进而对制造业产生技术外溢效应；另一方面，还可通过降低企业的交易成本与资金风险，促进产业间的专业化分工与协调融合，进而推动制造企业全要素生产率的提升。然而，低效及扎堆的过度集聚也会抵消掉规模经济所带来的集聚红利。此外，在开放经济条件下，生产性服务业开放能够提供多元化、高质量、低价格的服务要素投入，产生服务弥补效应、市场竞争效应、知识溢出效应、投入产出关联效应等，从而通过要素资源供应与市场份额占比的重新配置与调节，在外循环模式中增进企业的全要素生产率，在双循环中增强其国内产业集聚红利。

鉴于产业集聚与贸易开放往往呈现出相伴相随的特征（王丽丽，2012a，2012b），因而在培育和发展新的产业集群、有序扩大服务业对外开放、实现制造业高质量发展的多重目标时，就需要将产业集聚、贸易开放与企业全要素生产率同时纳入统一的研究框架中进行分析。鉴于此，本章将采用2000—2007年工企数据库中的微观企业样本，更为准确和直观地考察生产性服务业集聚及其贸易开放对微观制造企业生产效率的影响，以期为今后双循环新发展格局中我国制造业高质量发展及服务业高水平开放提供相应的政策建议。

6.2　机制分析

6.2.1　产业集聚与全要素生产率

　　当生产性服务业发展到一定阶段时，就容易出现产业集聚现象，适度的产业集聚可能对制造企业全要素生产率产生促进作用。首先，生产性服务业作为制造业的黏合剂，可为产品设计提供研发、为产品生产提供贷款融资、为中间品投入提供运输物流、为产品销售提供售后维修等一系列服务。一方面，生产性服务业集聚可以使制造企业获得选择范围更广、服务质量更优的生产性服务要素，通过信息技术及模块化的组织方式提高企业生产及管理的质与量。另一方面，生产性服务业集聚还可降低企业的信息搜寻成本、监管调整成本、谈判沟通成本及交通运输成本等，例如金融服务可以缓解企业的融资约束，降低其融资成本；网络通信服务可以降低企业的信息非对称性，从而减少制造企业的费用支出。其次，生产性服务业集聚具有匹配劳动力市场的功能，可为制造企业提供大量的劳动力蓄水池。一方面，生产性服务业集聚可便于企业对劳动力的挑选，获取大量的技术工人。另一方面，生产性服务业集聚还可为企业员工提供相应的岗位技术与技能培训，这有利于专业化劳动力市场的形成与企业人力资本的积累。该功能无疑降低了制造企业的劳动力非对称信息匹配成本与员工培训成本，其内含的人力资本要素可为企业带来动态效率收益。再次，生产性服务业的集聚还可以发挥自身边际成本递减的规模经济效应，通过降低中间服务要素的购买成本，从而降低制造企业的单位成本，以更高产出实现规模经济收益。同时，生产性服务业的大规模集聚还可引发企业间的"示范—模仿"及知识外溢现象，产生共享与学习效应。在交流与合作中，生产性服务业集聚可为制造企业提供知识、信息、技术及管理经验的共享，为不同企业间的人才技能学习、员工技术交流、研发创新体系提供平台，从而共享知识技术外溢的红利。最后，生产性服务业集聚可利用市场竞争，使得服务企业更专注于服务质量与效率的提升，这有利于高质量、专业化的服务形成，从而为制造企业提供差异化与个性化、异质性与针对性的生产性服务。生产性服务业集聚通过向制造产业链注入高端服务、知识技术、管理规划等高级服务要素，产生"1+1>2"的产业链整合效应，提高制造企业的生产技术及员工技能，从而改进其全要素生产率。由上可得，生产性服务业集聚可利用人力、财力、物力及知识，降低企业的综合成本、增加企业的高级要素投入、激励企业的技术创新，其引发的规模效应可促进制造企业全要素生产率的提升。

然而，随着集聚程度的不断加深，就可能会出现过度集聚的现象，而过度的产业集聚则会降低制造企业的全要素生产率。一方面，在有限地域上的大规模集聚，会引发企业对于要素投入的大量需求，超过均衡的需求会导致要素价格的上涨，如员工工资的增加、物流运输费用的提高等，从而压缩服务企业的利润空间，导致创新的投入资金与人力不足，这不利于企业的技术创新及服务升级。另一方面，当出现了过度的生产性服务业集聚时，势必会导致服务企业之间的市场空间被挤占，发展潜力受限，有的服务企业可能就会采取低价竞争策略，这也会极大地降低服务企业的利润空间。当服务企业的发展受阻甚至退出市场时，制造企业生产链就会出现服务要素供给不足的问题，从而抑制制造企业全要素生产率的提升。由此可见，生产性服务业集聚程度过高也会产生要素资源与基础设施供给不足、交通拥挤与环境污染、过度竞争等集聚负外部性问题，其引发的拥挤效应则会阻碍制造企业全要素生产率的提升。

综上所述，生产性服务业集聚对制造企业全要素生产率可能存在适度集聚时的正向影响，也可能存在过度集聚时的负向影响，即两者之间可能存在非线性的关系。

6.2.2 贸易开放与全要素生产率

异质性企业贸易理论从产业内要素资源与市场份额的重新配置出发，阐述了贸易开放通过影响不同生产率企业的进入与退出，提升产业总体的生产率水平，为贸易利益提供了新的来源。具体到生产性服务业的贸易开放上，其可通过资源再配置效应、知识技术溢出效应、人力资本积累效应、市场竞争与质量提升效应来促进制造企业的全要素生产率。

具体而言，首先，生产性服务业开放可降低国外服务提供者的进入壁垒，随着我国生产性服务业的渐次开放，外资在开放地域、准入时间、控股比例等方面的限制不断减少，更多外资企业可在我国境内设立分支机构，更多国内企业可在境外寻求服务外包，获得充分的服务弥补效应。这使得国内企业可获得品种多样、优质高效的生产性服务，通过服务外包将原本内置的低效服务从生产过程中转移出来，再交给国外优质的服务机构，企业可将节省下的生产资源配置到更有效率的环节中，从而提升企业的全要素生产率。其次，生产性服务业开放可带来国外具有先进技术与高端知识的服务，通过企业间的学习、交流与合作，这些先进技术、管理理念、营销手段、组织模式可突破产业边界的限制而扩散至制造业，从而产生水平和垂直的知识技术溢出效应，促进企业全要素生产率的提升。再次，服务提供模式中的自然人流动可随着国外服务提供者的跨国转移，将附带先进技术与知识的人力资本配置到国内，且服务提供模式中的商业存在也会对东道国国内雇员进行服务培训与技术指导，从而提高东道国员工的服务质量与知识技能。随着这些人员在国内产业间的流转，其人力资本要素积累就可有效提升企业的全要素生产率。最后，生产性服务业开放所导致的国内服务市场竞争加剧，可促使服务产品价格的下降或在同等价位上提供质量更高的服务产品，从而"倒逼"企业转型升级。随着服务市场价格的下降，制造企业的生产成本可得到有效降低，服务要素质量的提升能增加制造企业的产品定价能力，从而扩大制造企业的利润空间，这将有利于制造企业的技术研发与管理创新，从而增加其全要素生产率。

6.2.3 研究假说

在新发展格局下，构建以国内大循环为主体、国内国际双循环互促的经济部署尤为重要（江小涓，2021）。其中，为了外循环的畅通与赋能，需要高水平的对外开放；为了内循环的运转与带动，需要高标准的市场体系。这与本章中表征外循环模式的生产性服务业开放及表征本地化内循环模式的生产性服务业集聚正好对应。生产性服务业开放促进了外向型服务产业的发展，以 ICT 产品为代表的服务部门获得了技术流动，可使得外循环路径更加畅通；而生产性服务业集聚也扩大了国内区域间的市场半径，专业化与多样化生产的范围得到扩张，使得内循环网络更加高效。内外双循环模式的结合更能有效提升企业的全要素生产率。例如，生产性服务业集聚下的专业化分工可增强服务开放后的资源再配置效应，产业集聚所产生的劳动力市场匹配功能可提升服务开放后的人力资本积累效应，集聚所带来的企业间"示范—模仿"现象可扩大服务开放后的知识技术溢出效应，这些均可提升服务业开放对企业全要素生产率的促进作用。可见，生产性服务业集聚可在一定程度上强化其贸易开放对企业全要素生产率的促进作用。

然而，随着产业集聚效应的不断强化及集聚区位的变化，在内循环模式中区域内的拥挤效应将会更加明显，这会降低内循环市场体系的运转效率，从而影响双循环经济间的促进与协调。同时，也会在一定程度上降低外循环中贸易开放对企业绩效的积极影响，如过度集聚所导致的要素价格上涨会削弱服务开放后的市场竞争效应。这就是说，随着生产性服务业集聚程度的不断增强，同样存在着规模效应与拥挤效应的此消彼长。可见，生产性服务业的过度集聚也会在一定程度上弱化其贸易开放对企业全要素生产率的促进作用。

因此，在双循环模式中，产业集聚对贸易开放与全要素生产率之间的关系将存在着差异性的调节作用，即随着生产性服务业集聚程度的不断扩大，其规模效应占主导作用，可强化生产性服务业开放对企业全要素生产率的促进作用。然而，随着集聚程度的进一步加深，其拥挤效应将占据主导，此时将弱化生产性服务业开放对企业全要素生产率的提升效应。为更直观地表述该关系，可将生产性服务业集聚的调节效应的作用曲线绘制如下图 6—1 所示。

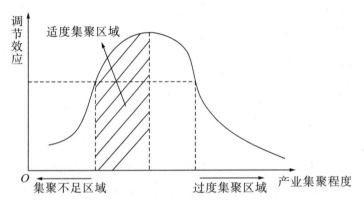

图 6—1　生产性服务业集聚的调节效应曲线

由此，可提出本章的研究假说。

研究假说 H1：表征本地化内循环模式的生产性服务业集聚对制造企业全要素生产率存在非线性的影响关系。企业全要素生产率先会随着集聚水平的上升而提高，但当集聚水平超过一定界限后，企业全要素生产率则会随着集聚水平的上升而下降。

研究假说 H2：表征外循环模式的生产性服务业开放对制造企业全要素生产率具有促进作用。

研究假说 H3：生产性服务业集聚能够倒"U"型调节生产性服务业开放对制造企业全要素生产率的影响，即在适度集聚时强化生产性服务业开放对企业全要素生产率的促进作用，在过度集聚时弱化生产性服务业开放对企业全要素生产率的提升效应。

6.3　计量模型设定、变量选取与数据处理

6.3.1　实证模型设计

此处借鉴前期学者的研究成果，为检验生产性服务业集聚与贸易开放对微观制造企业全要素生产率的影响，本章设定生产性服务业集聚与开放的计量模型如下：

$$MANTFP_{ijkt} = \alpha_0 + \alpha_1 SAGG_{jt} + \alpha_2 SAGG_{jt}^2 + \alpha_3 SOPEN_{kt} +$$
$$\alpha_4 SAGG_{jt} * SOPEN_{kt} + \alpha_5 SAGG_{jt}^2 * SOPEN_{kt} +$$
$$\vec{\beta X} + u_i + u_t + \varepsilon_{ijht}$$

$$(6-1)$$

其中，下标 i 表示企业，下标 j 表示地区，下标 k 表示制造行业，下标 t 表示研究年份。具体地，$MANTFP$ 为本章的被解释变量，即制造企业的全要素生产率；$SAGG$ 为本章的核心解释变量之一，即生产性服务业的集聚水平，$SAGG^2$ 为其平方项；$SOPEN$ 为本章的另一个核心解释变量，即生产性服务业的开放水平；$SAGG * SOPEN$ 和 $SAGG^2 * SOPEN$ 为两个核心解释变量的乘积交互项；α_0 为常数项；$\vec{X}$ 为一系列的控制变量集合；u_i 为企业固定效应；u_t 为年份固定效应；ε_{ijkt} 为随机扰动项。在回归时，为控制潜在的异方差及序列相关问题，均使用以企业－年份层面的聚类稳健标准误。

6.3.2　变量选取

6.3.2.1　被解释变量

制造企业全要素生产率（$MANTFP$）：本章采用当前较流行的 Levinsohn 和 Petrin（2003）提出的 LP 半参数估计方法来测算制造企业的全要素生产率，它能够有效处理同时性偏误的问题。其中，资本投入用企业固定资产净值年均余额[①]进行衡量，劳动力投入用企业从业人员年平均人数进行衡量。此外，考虑到企业出口对其生产率的影响，在测算时还加入了制造企业出口为"1"与不出口为"0"的虚拟变量。对于企业全要素生产率的测算，本章还采用了 OP 方法、

---

① 这里以 2000 年为基期的固定资产投资价格指数对固定资产原值进行平减调整。

OLS方法及FE方法进行测算，用于后续变更被解释变量衡量方式的稳健性检验使用。

6.3.2.2 核心解释变量

生产性服务业集聚（$SAGG$）：采用区位熵指标来测度产业集聚水平。该指标规避了地区规模的影响，可以较好地衡量表征本地化内循环模式的生产性服务体系的空间分布。此处，参照刘修岩等（2007）、宣烨和余泳泽（2017）的测算方法，在区位熵的计算公式中引入地理时间距离，从而得到空间加权距离的集聚指标，相应的计算公式如下：

$$SAGG_{jt} = \sum_{j'} \frac{l_{jt}/L_{jt}}{l_t/L_t} * \frac{1}{DIST_{jj'}} \qquad (6-2)$$

其中，l_{jt}为j地区在t年的生产性服务业的就业人数，L_{jt}为j地区在t年的总就业人数；l_t和L_t依次代表t年全国生产性服务业就业人数和总就业人数。其中，从业人员数量采用市辖区的范围设定。$dist_{jj'}$为地区j与地区j'（除j地区之外的其余地区）之间的地理时间距离，其倒数则代表了空间地理距离上的外溢衰减性。此处的地理时间距离采用基于公路交通网络的最短旅行时间距离进行度量，相应数据来自毛琦梁和王菲（2018）的公路交通网络地理信息数据库。$SAGG_{jt}$的指数值越大，表明企业所处地区的生产性服务业空间集聚程度就越高。

生产性服务业开放（$SOPEN$）：本章同样采用改进后的Hoeckman频度指数分析法来测算生产性服务业的开放水平，其测算步骤与本书第5章中知识密集型服务业开放水平相一致，只是将服务部门的研究对象替换为本章所研究的生产性服务业。最后，同样基于投入产出表构造各制造业投入的生产性服务业开放水平，其计算公式如下：

$$SOPEN_{kt} = \sum_s OPEN_{st} \times \xi_{sk} \qquad (6-3)$$

其中，$OPEN_{st}$是与投入产出表中行业分类相对应的生产性服务业s的开放水平，ξ_{sk}是制造业k使用生产性服务业s作为中间投入占其总投入的占比。此处，$SOPEN_{kt}$的数值越大，表明制造业k中生产性服务业s的开放程度就越高。

6.3.2.3 控制变量

参照余森杰（2011）、盛斌和毛其淋（2017）、蒋灵多和陆毅（2018）等的研究成果，本章选取以下控制变量：①企业年龄（AGE），采用企业研究当年年份减去成立年份再加1进行衡量，取对数表示。②企业规模（$SCALE$），使用企业当年全部从业人员数量进行衡量，取对数表示。③企业资本密集度（CAP），采用经通胀处理后企业固定资产净值年均余额与全部从业人员数目的比值进行衡量，取对数表示。④企业平均工资（WAGE），采用企业应付的工资及福利总额除以企业的员工总人数进行衡量，取对数表示。⑤企业性质（STATE），采用企业是否国有化的虚拟变量进行衡量，对于国有性质企业[①]取"1"，对于其余类型企业取"0"。（6）行业集中度（HHI），采用赫芬达尔指数进行衡量[②]。

6.3.3 数据来源

本章主要使用以下几类数据：第一个是微观层面制造企业的生产数据，用于计算被解释变量及企业层面的控制变量，数据来自 2000—2007 年中国工业企业数据库；第二个是生产性服务业层面的就业人数数据，用于计算服务业的集聚程度，数据来自 2000—2007 年中国城市统计年鉴；第三个是生产性服务业层面的贸易政策数据及我国 2002 年各部门间的投入产出数据，用于计算服务业的开放水平，资料来自《中华人民共和国服务贸易具体承诺减让表》及国家统计局的投入产出数据库。

首先，根据生产性服务业的范围界定，本章将生产性服务业的细分部门划分为"交通运输、仓储及邮政业""信息传输、计算机服务和软件业""金融业""租赁和商业服务业""科学研究、技术服务和地质勘查业"这 5 个服务部门。其次，对于制造企业的样本选取，此处与第 4 章中工业企业数据库的处理步骤一致。并以 2000 年为基期对名义变量进行平减调整，且仅保留制造企业

---

① 这里将登记注册类型为 110（国有企业）、141（国有联营企业）、143（国有与集体联营企业）、151（国有独资企业）以及 130（股份合作企业）、150（其他有限责任公司）、160（股份有限公司）中实收资本里国有资金占比大于 50% 的企业定义为国有性质企业。

② 计算公式为 $HHI_{kt} = \sum_{i=1}^{n}(SALE_{it}/SALE_{kt})^2$，$SALE_{it}$ 为 i 企业在 t 年的销售额，$SALE_{kt}$ 为企业所在行业 k 在 t 年的总销售额，n 为 CIC 四分位行业内的企业数量。该指数越小，表明企业所处的行业竞争程度越高；指数越大，则表明行业的垄断程度越高。

的样本观测值。最终，本章得到 2000—2007 年制造企业的有效观测值为 147 623 个，制造企业数量为 41 692 家。最后，在产业集聚水平测算时，通过与企业所在地区进行匹配，本章计量检验中涉及我国 30 个省、自治区、直辖市所辖的 265 个地级及以上城市，地区数据同样采用市辖区的空间范围设定。

相应的变量描述统计情况见表6—1。

表6—1　变量的描述统计情况

变量	样本数	均值	标准差	最小值	最大值
MANTFP	147 623	5.188 2	2.518 2	0.049 1	9.488 3
SAGG	147 623	0.428 8	0.721 6	0.017 2	3.298 4
SOPEN	147 623	0.172 9	0.760 8	0.000 3	0.930 1
AGE	147 623	10.339 6	8.015 2	1.000 0	61.000 0
SCALE	147 623	392.117 2	1 122.917 0	6.000 0	188 137.000 0
CAP	147 623	88.622 7	242.719 3	0.002 9	23 517.000 0
WAGE	147 623	6 981.296 3	4 118.790 0	10.000 0	7 210 358.000 0
STATE	147 623	0.035 6	0.211 6	0.000 0	1.000 0
HHI	147 623	0.021 3	0.059 6	0.001 0	1.000 0

6.3.4　特征性事实分析

为从数据上初步验证本章所提出的研究假说，此处参照张祥建等（2015）的描述分析方法，对全部样本信息进行分组分析，相应的统计情况见表6—2。其中，以生产性服务业集聚变量（SAGG）的 30％ 和 70％ 的分位点及生产性服务业开放变量（SOPEN）的中位数作为划分点，可将全样本划分为 6 组，并统计这 6 组子样本中制造企业全要素生产率变量（MANTFP）的均值、中位数等特征。

表6—2　分组的描述统计情况

分组		低产业集聚水平	中产业集聚水平	高产业集聚水平
低开放水平	均值	1.382 5	6.183 5	5.182 6
	中位数	2.870 3	5.152 9	4.491 9
	样本量	31 026	28 408	14 377

分组		低产业集聚水平	中产业集聚水平	高产业集聚水平
高开放水平	均值	3.808 6	6.664 8	6.055 3
	中位数	4.154 8	5.981 3	5.576 3
	样本量	14 042	29 548	30 222

注：笔者根据生产性服务业开放的中位数和生产性服务业集聚的30%及70%分位点将全样本分为6组，经整理而得。

根据表中的统计结果可知，对于不同组产业集聚水平而言，"高开放水平"组所对应的制造企业全要素生产率均值都明显大于"低开放水平"组所属企业的样本均值。这在一定程度上表明生产性服务业开放水平越高，就越能提升制造企业的全要素生产率。对于生产性服务业集聚而言，无论是在"高开放水平"组还是在"低开放水平"组的分组中，"低集聚水平"组和"高集聚水平"组所对应的制造企业全要素生产率均值相较于"中集聚水平"组的企业全要素生产率均值来说整体都低一些。这表明生产性服务业集聚与制造企业全要素生产率之间可能存在倒"U"型关系。为使研究假说的论证更为严谨，本章后续小节将采用实证分析的方法更为严格地检验生产性服务业集聚与开放对于制造企业全要素生产率的影响效应，阐明服务开放的贸易利得与产业集聚的生产红利。

6.4 回归结果与分析

6.4.1 基准回归结果

表6—3汇报了表征本地化内循环模式的生产性服务业集聚与表征外循环模式的生产性服务业开放对我国制造企业全要素生产率影响的基准回归结果。其中，除控制变量外，第（1）列是仅加入了生产性服务业集聚一次项与二次项的估计结果；第（2）列是在第（1）列的基础上，增加了生产性服务业开放、生产性服务业集聚一次项和二次项分别与生产性服务业开放相乘的交互项；第（3）列则测试了生产性服务业集聚与开放的线性交互效应。

表 6-3　基准回归结果

变量	(1)	(2)	(3)
SAGG	0.352 6*** (0.058 8)	0.358 3*** (0.059 9)	0.537 9*** (0.056 2)
$SAGG^2$	−0.129 5** (0.058 5)	−0.150 6** (0.059 2)	
SOPEN		0.286 4*** (0.049 8)	0.433 8*** (0.047 9)
SAGG * SOPEN		0.231 2 (0.149 1)	0.161 1 (0.148 3)
$SAGG^2$ * SOPEN		−0.290 8** (0.130 4)	
AGE	0.005 5*** (0.001 5)	0.004 8** (0.001 9)	0.003 7** (0.001 8)
SCALE	−0.007 1*** (0.002 2)	−0.007 4*** (0.002 4)	−0.007 2*** (0.002 2)
CAP	0.011 7** (0.004 8)	0.012 1** (0.005 1)	0.011 9** (0.004 8)
WAGE	0.017 6*** (0.005 6)	0.018 5*** (0.005 8)	0.017 7*** (0.005 6)
STATE	−0.007 6*** (0.002 5)	−0.007 9*** (0.002 7)	−0.007 7*** (0.002 5)
HHI	−0.009 4 (0.006 1)	−0.009 8 (0.006 3)	−0.009 5 (0.006 1)
CONS	0.788 6*** (0.017 3)	0.565 9*** (0.018 8)	0.671 1*** (0.014 4)
时间固定	Y	Y	Y
企业固定	Y	Y	Y
观测值	147 623	147 623	147 623
R^2	0.264 1	0.287 8	0.209 5

注：*、**、*** 依次表示显著性检验中 10%、5%、1% 的水平，( ) 内是在企业—年份层面聚类的稳健标准误。Y 表示控制了相应的效应，N 表示未控制。

首先，根据表 6-3 中第（1）列的估计结果可知，在控制了一系列控制变量、企业及年份固定效应后，生产性服务业集聚 SAGG 的估计系数在 1% 的水平上显著为正，其二次项 $SAGG^2$ 的估计系数在 5% 的水平上显著为负。表明生产性服务业集聚与制造企业全要素生产率之间存在着明显的倒"U"型关系，这支持了本章所提出的研究假说 H1。该结论说明生产性服务业集聚会随着集聚程度的不同而对制造企业全要素生产率产生差异性的影响。在集聚初期，随着生产要素共享、知识技术外溢、交易成本降低等作用机制的影响，规模效应占据了主导位置，而服务集聚程度的增大将会促进制造企业全要素生产率的提升。然而，当集聚程度超过某个临界值时，随着要素成本增加、过度竞争等作用的影响，服务集聚的继续深化则会使得拥挤效应凸显。此时，服务集聚程度的进一步深化则会抑制制造企业全要素生产率的提升。

其次，由表6-3中第（2）列的回归结果可知，核心解释变量 SAGG 的估计系数仍显著为正，$SAGG^2$ 的估计系数仍显著为负，这再次表明生产性服务业集聚确实对制造企业全要素生产率存在"倒 U 型"的影响。此外，核心解释变量 SOPEN 的估计系数为正，且通过了 1% 的显著性检验。这表明随着生产性服务业开放政策的实施，其开放水平的提高将有助于制造企业全要素生产率的提升，该结论支持了本章所提出的研究假说 H2。这里值得关注的是，生产性服务业集聚的二次项与生产性服务业开放的乘积交互项的估计系数显著为负，由此表明生产性服务业集聚对生产性服务业开放与制造企业全要素生产率之间的关系存在倒"U"型的调节效应。具体而言，在未达到集聚临界值前，生产性服务业集聚对其贸易开放与企业全要素生产率间的关系存在正向调节，即随着生产性服务业集聚程度的增加，其贸易开放对企业全要素生产率的促进作用将增强；而在超过集聚临界值后，生产性服务业集聚对其贸易开放与企业全要素生产率间的关系存在负向调节，即随着生产性服务业集聚程度的进一步加深，其贸易开放对企业全要素生产率的促进作用将减弱。该结论支持了本章所提出的研究假说 H3。可见，生产性服务业集聚的调节效应会随着集聚程度的不同而表现出明显的差异性。

再次，由表6-3中第（3）列的回归结果可知，生产性服务业集聚与生产性服务业的乘积交互项估计系数虽为正，但未能通过显著性检验。这表明生产性服务业集聚不能显著地线性调节其贸易开放与全要素生产率之间的关系，同时也在一定程度上支持了生产性服务业集聚可能是对其贸易开放与企业全要素生产率之间的关系存在非线性的调节效应的假说推断。

最后，对于控制变量而言，回归系数的符号与显著性基本符合预期。这里以表6-3中第（2）列的回归结果为例进行说明。其一，企业年龄对制造企业全要素生产率具有促进作用，且通过了 5% 水平上的显著性检验。这说明企业的存续时间越长，则经验积累、技术更新及"干中学"特征越明显，越利于企业生产效率的提升（盛斌和毛其淋，2017）。其二，企业规模对制造企业全要素生产率的影响显著为负，表明规模越大越不利于全要素生产率的提升。其背后的原因可能是当企业规模较大时，容易出现灵活性缺乏、转型难度较大及规模效应递减等问题，并且在样本中较大规模的企业多为国有企业，其生产效率却相对不高（宣烨和余泳泽，2017）。其三，企业性质变量的回归系数显著为负，这表明国有性质企业的生产效率相对低下。其四，企业资本密集度对全要素生产率存在显著的正向影响，这表明当企业越重视技术研发创新与设备更新升级时，就越有利于其全要素生产率的提升。其五，企业的平均工资水平可显著促进其全要素生产率的提升，原因可能是在效率工资理论下，高工资对员工的激励性更强，可极大提高员工的工作积极性与准确度，从而提升企业的全要素生产率。其六，行业集中度尚未显现出对全要素生产率的显著影响。这表明在该研究期间，行业层面的竞争性未对企业生产活动造成明显冲击，尚未形成倒逼企业效率提升的有效路径。

进一步地，这里以表6-3中第（1）列的回归结果为例，进行产业集聚临界值的分析。鉴于生产性服务业集聚程度与制造企业全要素生产率之间存在倒"U"型的关系，故通过计算估计系数值 $-\alpha_1/2\alpha_2$ 可得[①]，在研究期间生产性服务业集聚的最优水平（即临界值）为1.3614。然而，变量 $SAGG$ 的样本均值为0.4288，远低于最优水平。纵观所有样本，也只有不足1%的地区产业集聚水平大于临界值。这表明在研究期内，我国生产性服务业集聚对企业全要素生产率产生的影响是处于拐点左侧的。产业集聚还存在继续深化的空间，规模效应占主导、增加集聚程度将有助于提升企业的全要素生产率。由此可见，当前我国生产性服务业集聚具有较强的马歇尔技术外部性，产业集聚的规模效应显著，可强化服务业开放对制造企业全要素生产率的促进作用。因此，今后在制造强国产业体系建设中，应充分考虑生产性服务业的规划配套与政策支持，从而更好发挥产业间的协同融合效应。

6.4.2　稳健性检验回归结果

为保证基准回归中估计结果的可信度，本小节将进行一系列的稳健性检

---

① 对于倒"U"型的临界值（极值点），可通过令其一阶偏导为0进行求解。具体地，在本章的计量方程中，通过令 $\dfrac{\partial MANTFP}{\partial SAGG} = \alpha_1 + 2\alpha_2 \times SAGG = 0$，可求出生产性服务业集聚的临界值为 $-\alpha_1/2\alpha_2$。

验。具体包括利用工具变量处理内生性问题、改变样本的选择范围、改变制造企业全要素生产率的衡量方式。

6.4.2.1 内生性处理

计量方程中，被解释变量（制造企业全要素生产率）与两个核心解释变量（生产性服务业集聚和开放）之间可能存在内生性问题，这会使得估计结果出现偏误。首先，对于产业集聚而言，一方面，在产业间的投入与产出的关联上，制造企业对生产性服务业存在内部需求，这会对服务业集聚产生一定的正向影响；另一方面，也存在着企业生产的自选择问题，即拥有高生产效率的制造企业更愿意到生产性服务业集聚的地区进行生产。故在回归时，可能会使得生产性服务业集聚对制造企业全要素生产率的影响出现偏误，即便回归中采用的是中观层面上城市空间维度的生产性服务业集聚与微观层面上制造企业维度的全要素生产率数据进行回归，也难以排除可能存在的内生性干扰。其次，对于贸易开放而言，服务业开放政策可能会受到下游制造企业游说的影响，而制造企业通过对政策实施进行干预，会使企业全要素生产率对生产性服务业开放产生影响，从而使得两者之间存在双向因果关系。此外，模型中也可能存在着遗漏变量及指标测量误差等问题，这也会带来模型经验估计中的内生性问题。因此，本节将采用工具变量方法对可能存在的内生性问题进行处理。

在工具变量的选择上，首先，对于产业集聚而言，此处参照宣烨和余泳泽（2017）的做法，将制造企业所在城市的海拔作为生产性服务业集聚的工具变量。在相关性上，一个地区的海拔越高，其生产环境与居住条件受制于气候、交通等因素的影响就越多。由于高海拔地区常常缺乏产业集聚所需的生产要素禀赋与人力资源积累，其发展生产性服务业的成本也越高，这就会使得该地区和生产性服务业集聚水平普遍较低。在外生性上，地区的海拔是客观的地理数据，不会受到地区经济发展水平与企业生产活动的影响。故可将地区海拔作为我国生产性服务业集聚的有效工具变量。其次，对于贸易开放而言，这里参照Beverelli 等（2017）及侯欣裕等（2018）的做法，使用同时期来自世界银行发布的印度服务贸易限制指数 $STRI$，用（$1-STRI/100$）来表示生产性服务 s 的开放水平，并代入式（6−3）构造生产性服务业开放水平的工具变量。鉴于经济发展水平、市场整体规模较为相近的国家间在实施对外开放政策上往往具有较强的相似性，而印度与中国同为金砖国家成员，其服务业也是在政府主导下进行的渐进式开放，相关性得到满足；同时，印度生产性服务业开放政策的制定与实施难以由中国微观制造企业的生产活动所决定，外生性得到满足。因而，本小节所构造的印度生产性服务业开放可作为我国生产性服务业开放的合理工具变量。

基于此，本章采用两阶段最小二乘回归方法进行内生性检验，相应的估计结果见表6-4中的第（1）列。此外，本章还采用滞后一期的生产性服务业集聚与滞后一期的生产性服务业开放替代当期值进行回归估计，以降低内生性，相应的估计结果见表6-4中的第（2）列。

表6-4　稳健性检验的估计结果

变量	内生性处理		样本范围变更	
	（1）构造工具变量	（2）滞后一期内生变量	（3）规模以上企业样本	（4）缩尾（winsorize）处理样本
$SAGG$	0.563 3***	0.486 9***	0.342 7***	0.357 9***
	(0.084 1)	(0.071 2)	(0.051 7)	(0.057 6)
$SAGG^2$	−0.187 1**	−0.153 3**	−0.137 1**	−0.149 8**
	(0.072 7)	(0.065 2)	(0.057 2)	(0.058 6)
$SOPEN$	0.402 8***	0.305 7***	0.299 3***	0.285 1***
	(0.061 3)	(0.052 9)	(0.041 7)	(0.049 4)
$SAGG*SOPEN$	0.279 3	0.254 8	0.221 5	0.230 9
	(0.170 7)	(0.179 4)	(0.139 3)	(0.148 6)
$SAGG^2*SOPEN$	−0.299 3**	−0.278 5**	−0.279 1**	−0.289 5**
	(0.150 2)	(0.135 7)	(0.112 5)	(0.130 1)
AGE	0.005 6***	0.005 1***	0.004 1**	0.004 5**
	(0.001 7)	(0.001 8)	(0.001 6)	(0.001 8)
$SCALE$	−0.008 2***	−0.007 6***	−0.006 7***	−0.007 1***
	(0.002 2)	(0.002 3)	(0.001 8)	(0.002 2)
CAP	0.0147***	0.012 8**	0.008 9**	0.011 8**
	(0.005 3)	(0.005 2)	(0.003 5)	(0.004 9)
$WAGE$	0.019 2***	0.018 8***	0.017 3***	0.018 1***
	(0.005 6)	(0.005 7)	(0.005 4)	(0.005 6)
$STATE$	−0.008 1***	−0.008 0***	−0.008 7***	−0.008 1***
	(0.002 9)	(0.002 7)	(0.002 3)	(0.002 8)
HHI	−0.011 3	−0.010 4	−0.008 5	−0.009 4
	(0.007 1)	(0.006 5)	(0.005 4)	(0.006 1)
$CONS$	0.521 7***	0.584 4***	0.619 2***	0.570 2***
	(0.016 2)	(0.019 6)	(0.016 4)	(0.017 1)
Kleibergen−Paap rank LM χ^2 统计量	2 609.285*** [0.000 0]	2 181.147*** [0.0000]		
Kleibergen−Paap rank Wald F 统计量	1.6e+05 {16.38}	1.1e+05 {16.38}		
时间固定	Y	Y	Y	Y

146

续表6-4

变量	内生性处理		样本范围变更	
	（1）构造工具变量	（2）滞后一期内生变量	（3）规模以上企业样本	（4）缩尾（winsorize）处理样本
企业固定	Y	Y	Y	Y
观测值	147 623	121 970	133 564	144 670
R^2	0.203 2	0.244 1	0.289 6	0.295 1

注：*、**、*** 依次表示显著性检验中10%、5%、1%的水平。()内的值是估计系数在企业-年份层面聚类的稳健标准误，[]内的值是检验统计量对应的P值，{}内的值是弱工具变量检验10%水平上的临界值。Y表示控制了相应的效应，N表示未控制。

由回归结果可知，Kleibergen-Paap rank LM χ^2 检验统计量显著拒绝了工具变量的识别不足假设，且 Kleibergen-Paap rank Wald F 检验统计量显著拒绝了工具变量的弱识别假设，表明模型不存在工具变量识别不足及弱工具变量的问题，外生性条件得到满足。并且，在第一阶段回归中，地区海拔工具变量与我国生产性服务业集聚内生变量之间，印度生产性服务业开放工具变量与我国生产性服务业开放内生变量之间的相关性较强，故本章对于工具变量的选择是合理的。

从表6-4中第（1）列的回归结果来看，本章所关注的核心解释变量 SAGG 的估计系数仍显著为正，$SAGG^2$ 的估计系数仍显著为负，这表明在缓解了可能存在的产业集聚内生性问题后，生产性服务业集聚对制造企业全要素生产率的"倒U型"影响仍十分显著。其次，核心解释变量 SOPEN 的估计系数仍为正，且通过了1%水平上的显著性检验，表明生产性服务业开放对制造企业全要素生产率仍具有显著的促进作用。再次，变量 $SAGG^2$ 与 SOPEN 乘积交互项的估计系数均显著为负，表明生产性服务业集聚能够"倒U型"调节生产性服务业开放对制造企业全要素生产率的促进作用，即在适度集聚时强化其贸易开放与全要素生产率之间的关系，在过度集聚时弱化两者间的影响效用。同样，从表6-4中第（2）列的回归结果来看，核心变量的估计系数符号与显著性变化不大，生产性服务业集聚对制造企业全要素生产率仍呈现出倒"U"型的影响效应，而生产性服务业开放仍对制造企业全要素生产率存在积极影响，且生产性服务业集聚对于其贸易开放与全要素生产率间的关系存在倒"U"型的调节效应。

上述结果表明，在考虑了双向因果等内生性问题后，生产性服务业集聚对制造企业全要素生产率存在非线性的倒"U"型影响关系；而生产性服务业开放对制造企业全要素生产率存在线性的正向影响关系；并且，生产性服务业集聚在低于临界值前呈现出正向调节效应，即可强化生产性服务业开放对于企业全要素生产率的促进作用，在高于临界值后则表现出负向调节效应，即弱化生产性服务业开放对于企业全要素生产率的促进作用。这在一定程度上说明了研究期间我国生产性服务业集聚确实产生了积极的规模效应，拥挤效应尚不显著，而生产性服务业开放也产生了明显的贸易红利，两者均稳健地提升了制造企业的全要素生产率，内生性问题并不会改变本章的核心结论。

6.4.2.2 变换样本的选择范围

为增加研究结论的可靠性，此处将变更样本观测值的研究范围。首先，鉴于工企数据库统计的是所有国有企业及规模以上（年销售额高于 500 万元及以上）的非国有企业，而缺失了 500 万元以下中小型非国有企业的样本，因而存在样本选择上的偏倚。故此处借鉴谢千里等（2008）的做法，删除无法达到"规模以上"标准的企业样本后再次进行回归，例如，删除主营业务收入小于 500 万元、固定资产净值年均余额小于 1000 万元、职工人数小于 30 人的企业样本观测值等，以便从大型制造企业层面考察所收集的企业样本是否会对研究结果产生影响，相应的估计结果见表 6-4 中的第（3）列。其次，为避免观测样本异常值的干扰，这里对连续型变量进行两端各 1%（即在 1% 和 99% 分位数上）的缩尾处理，剔除可能的异常值后再次进行回归分析，相应的估计结果见表 6-4 中的第（4）列。

由表 6-4 中的第（3）列和第（4）列的估计结果可知，本章所关注的生产性服务业集聚与开放变量及其乘积交互项的估计系数符号及显著性与基准回归中的基本保持一致，仅存在系数值大小及显著性程度的差异。这表明数据库的样本删失问题并不会对本章的核心结论产生实质性影响，相应的研究结论具有稳健性。

6.4.2.3 被解释变量的指标变换

为使研究结论更加可信，此处将变更制造企业全要素生产率的测算方法，依次采用 OP 方法[①]（折旧率分别为 9.6% 及 15.0% 两种情况）、OLS 方法和 FE 方法去重新测算制造企业的全要素生产率，以便做进一步的稳健性检验，

[①] 在 OP 法的计算过程中，由于工业增加值的数据在 2001 年和 2004 年缺失，这里参照宣烨和余泳泽（2017）的做法，采用工业总产值减去中间投入再加上应纳增值税作为替代进行填补。其中，实际资本使用固定资产投资价格指数平减，工资与收入使用消费者价格指数平减。

相应的估计结果见表6-5中的第（1）列至第（4）列。

从估计结果可知，对于核心解释变量及其乘积交互项的系数符号及显著性而言，更换不同方法测度的制造企业全要素生产率依然显著受到了生产性服务业集聚的倒"U"型影响；而生产性服务业开放仍能够显著促进企业全要素生产率的提升；且生产性服务业集聚能够倒"U"型调节其开放与企业生产率之间的关系。由此可见，本章所得的核心结论并非仅针对特定的指标测算方法，变更企业全要素生产率的指标测算方法并不会对结论造成根本影响。

表6-5　变换指标的稳健性检验结果

变量	（1）OP方法（折旧率9.6%）	（1）OP方法（折旧率15%）	（3）OLS方法	（4）FE方法
$SAGG$	0.377 1***（0.051 8）	0.383 4***（0.051 3）	0.364 7***（0.050 9）	0.362 5***（0.053 3）
$SAGG^2$	−0.183 7***（0.051 7）	−0.179 2***（0.050 3）	−0.130 4**（0.061 1）	−0.120 8*（0.063 6）
$SOPEN$	0.293 3***（0.047 7）	0.292 6***（0.047 4）	0.289 2***（0.051 2）	0.283 7***（0.052 3）
$SAGG * SOPEN$	0.275 4（0.170 3）	0.272 8（0.169 4）	0.253 1（0.167 3）	0.254 4（0.170 7）
$SAGG^2 * SOPEN$	−0.298 4**（0.116 7）	−0.288 5**（0.112 8）	−0.289 2**（0.125 5）	−0.291 6**（0.128 7）
AGE	0.003 7**（0.001 7）	0.003 4**（0.001 6）	0.003 2*（0.001 7）	0.003 5*（0.001 8）
$SCALE$	−0.013 6***（0.004 1）	−0.012 9***（0.004 0）	−0.011 9***（0.004 5）	−0.015 8***（0.004 8）
CAP	0.010 5**（0.004 9）	0.010 1**（0.004 7）	0.008 3（0.005 3）	0.009 6*（0.005 6）
$WAGE$	0.015 4***（0.005 3）	0.015 1***（0.005 2）	0.016 6***（0.006 2）	0.017 1***（0.006 3）
$STATE$	−0.009 8***（0.002 9）	−0.009 6***（0.002 8）	−0.008 1***（0.003 0）	−0.008 5***（0.003 1）
HHI	−0.005 7（0.003 9）	−0.005 4（0.003 7）	−0.006 8（0.005 1）	−0.007 9（0.005 4）
$CONS$	0.283 1***（0.011 2）	0.296 6***（0.010 5）	0.312 9***（0.013 5）	0.358 8***（0.014 1）
时间固定	Y	Y	Y	Y

变量	(1) OP 方法 (折旧率 9.6%)	(1) OP 方法 (折旧率 15%)	(3) OLS 方法	(4) FE 方法
企业固定	Y	Y	Y	Y
观测值	147 623	147 623	147 623	147 623
R^2	0.298 4	0.297 7	0.264 8	0.231 4

注:*、**、***依次表示显著性检验中10%、5%、1%的水平,()内是在企业-年份层面聚类的稳健标准误。Y表示控制了相应的效应,N表示未控制。

6.4.3 异质性分析回归结果

6.4.3.1 企业所有制层面的异质性

企业的所有制类型作为根本属性之一,不同类型的企业在经营目标、社会责任、商业信用及市场认可度等层面存在着诸多差异。例如,国有企业更加注重社会利益的最大化,而民营企业则更加注重经济利益的最大化。因此,在表6-6的第(1)列和第(2)列中,将针对企业所有制的异质性,分别考察生产性服务业集聚与开放对国有企业和非国有企业全要素生产率子样本的影响差异;进一步地,为使所有制差异在回归系数值大小上具有可比性[1],在第(3)列全样本回归中引入各核心解释变量与企业性质 STATE 的乘积交互项。其中,STATE 为控制变量中的企业性质虚拟变量,国有企业为"1",非国有企业为"0",以检验乘积交互项的估计系数符号及其显著性。

由第(1)列的估计结果可知,生产性服务业集聚对国有制造企业全要素生产率的倒"U"型影响显著,生产性服务业开放仍可促进国有企业全要素生产率的提升,然而,生产性服务业集聚对其贸易开放与国有制造企业全要素生产率之间的关系不存在显著的调节效应。由第(2)列中核心解释变量的估计系数的符号及显著性可知,基准回归中的核心结论对于非国有企业仍适用。

在第(3)列中,国有企业虚拟变量与生产性服务业集聚二次项的乘积交互项的估计系数显著为负,表明生产性服务业集聚对于国有企业全要素生产率的倒"U"型影响要明显高于非国有企业。一方面,生产性服务业集聚指标在测算时采用的是市辖区空间范围内的就业人数,该指标更侧重于城市区域,且当前大多数信息通信、金融保险、科技研发等高端生产性服务业均集中在经济

---

① 在两种所有制的子样本回归中,不同子样本之间的同一变量估计系数值的大小不具有可比性,因而核心解释变量的估计系数值不能直接比较大小。

较发达的一、二线城市，而这些城市往往是国有大中型企业的所在地。另一方面，政府往往出于维持公共供给、稳定政企关系的考虑而给予国企较多的政策优惠与扶持力度，这对非国有企业会产生挤出效应，从而造成生产性服务业在城市区域的集聚对国有制造企业全要素生产率的影响更大。该结论对于提高国有企业全要素生产率，帮助国有企业市场化转型及自主创新具有重要的启示意义。然而，国有企业虚拟变量与生产性服务业开放的乘积交互项估计系数显著为负，表明生产性服务业开放对非国有企业全要素生产率的促进作用更大。究其原因，可能是在服务业开放后，与国有企业相比，非国有企业能更快速地对要素市场变化做出反应，通过服务外包及引进外资等形式降低生产成本、缓解融资约束，并充分发挥服务弥补效应，进而有效提升企业的全要素生产率。而国有企业则往往凭借政府背书等优势更易于获得资金及市场的青睐，这在一定程度上削弱了服务开放的外溢效应，使得国企从服务开放中获得的边际红利比非国有企业略低。此外，乘积交互项 $SAGG^2 * SOPEN * STATE$ 的估计系数虽为负但并未通过显著性检验，表明生产性服务集聚的调节效应在两类所有制企业之间并无差异。

表 6-6　企业所有制的异质性分析结果①

变量	(1) 国有企业	(2) 非国有企业	(3) 全样本
$SAGG$	0.461 5*** (0.123 1)	0.339 2*** (0.058 4)	0.289 3*** (0.059 1)
$SAGG^2$	−0.132 9** (0.065 1)	−0.150 1** (0.058 5)	−0.094 4** (0.043 9)
$SOPEN$	0.149 3* (0.080 7)	0.468 2*** (0.052 2)	0.361 4*** (0.057 1)
$SAGG * SOPEN$	0.175 2 (0.117 5)	0.215 9 (0.141 4)	0.258 2 (0.158 5)
$SAGG^2 * SOPEN$	−0.205 3 (0.156 1)	−0.298 6** (0.127 9)	−0.278 1** (0.110 1)
$SAGG * STATE$			0.221 9*** (0.079 8)
$SAGG^2 * STATE$			−0.101 8** (0.040 8)

①　为避免多重共线性问题，此处回归时剔除了控制变量中的企业性质（$STATE$）。

变量	（1）国有企业	（2）非国有企业	（3）全样本
SOPEN * STATE			−0.148 2*
			(0.077 1)
SAGG * SOPEN * STATE			−0.090 5
			(0.062 3)
SAGG² * SOPEN * STATE			−0.140 2
			(0.119 2)
STATE			−0.010 1***
			(0.003 3)
AGE	0.005 3**	0.004 3**	0.004 9**
	(0.002 1)	(0.001 7)	(0.002 0)
SCALE	−0.006 9***	−0.007 5***	−0.007 1***
	(0.002 1)	(0.002 3)	(0.002 3)
CAP	0.012 8***	0.011 9**	0.012 2**
	(0.004 9)	(0.005 5)	(0.005 2)
WAGE	0.011 5***	0.022 9***	0.019 2***
	(0.004 2)	(0.005 62)	(0.005 9)
HHI	−0.010 2	−0.007 5	−0.009 4
	(0.007 9)	(0.006 1)	(0.006 4)
CONS	0.521 1***	0.532 7***	0.519 8***
	(0.016 4)	(0.019 2)	(0.018 6)
时间固定	Y	Y	Y
企业固定	Y	Y	Y
观测值	5 255	142 368	147 623
R^2	0.239 6	0.298 4	0.306 4

注：*、**、*** 依次表示显著性检验中10%、5%、1%的水平。（）内是在企业－年份层面聚类的稳健标准误。Y表示控制了相应的效应，N表示未控制。

6.4.3.2 区域层面的异质性

鉴于区域位置的不同，城市之间在经济发展水平、市场化进程、要素资源禀赋及交通运输系统等方面存在着差异。例如，东部沿海地区经济发达、制度环境完善，更有利于产业集聚的形成与服务开放的试点。因此，在表6－7中的第（1）列和第（2）列，针对地区异质性分别考察了生产性服务业集聚与开放对东部地区企业和中西部地区企业全要素生产率子样本的影响差异；进一步地，在第（3）列全样本回归中引入各核心解释变量与东部地区虚拟变量 $EAST$ 的乘积交互项，企业处于东部地区时将 $EAST$ 设为"1"，企业处于中西部地区时则设为"0"①，以便分析乘积交互项的估计结果。

由表 6-7 中的第（1）列和第（2）列的估计结果可知，生产性服务业集聚对东部地区及中西部地区的制造企业全要素生产率均存在显著的"倒 U 型"影响，且对东部地区企业影响的显著性更强，而生产性服务业开放对两个区域企业全要素生产率也均具有促进作用，且存在生产性服务业集聚的非线性调节效应。

在第（3）列中，乘积交互项 $SAGG^2 * EAST$ 的估计系数显著为负，这表明生产性服务业集聚对东部地区企业全要素生产率的"倒 U 型"影响相比于中西部地区更大。而东部地区虚拟变量与生产性服务业开放的乘积交互项的估计系数显著为正，这表明生产性服务业开放对东部地区企业的全要素生产率具有更大的促进作用。交乘项 $SAGG^2 * SOPEN * EAST$ 的估计系数显著为负，表明相比于中西部地区，生产性服务业集聚更能倒"U"型调节东部地区企业全要素生产率所受贸易开放的作用大小。其背后可能的原因是，东部地区的生产性服务业发展较早，且具有更多的高端制造行业，其制度与营商环境更利于产业集聚发挥规模效应，加上东部地区的产业链完善程度与配套基础设施标准均较高，故对制造企业的生产活动支持力度更大。同时，东部地区也是我国渐次开放服务业的先行试点区域，高级生产性服务要素的供应与中间投入，使得东部地区制造企业受服务业开放的影响程度更大。这里值得注意的是，随着我国中西部地区承接东部沿海地区制造产业的大规模跨区域转移，开放中西部地区生产性服务业而形成的产业集聚的规模效应，可更好地促进中西部地区的制造业发展，通过生产性服务业后发优势进而快速提升制造企业的全要素生产率。该结论对于改善我国区域间发展不平衡、不充分的问题具有重要启示。

① 这里以企业所处的地域进行划分，按照国家统计局的分法，将我国企业分成东部地区、东北地区及中西部地区三类。这里将东北地区与中西部地区的企业样本合在一起统称为中西部地区，以便考察该地区企业与其他地区企业的差异。其中，东部地区包括北京、天津、河北、上海、江苏、浙江、福建、山东、广东、广西、海南共 11 个省、自治区、直辖市；其余地区划入中西部地区一类。

表6-7　企业所处地域的异质性分析结果

变量	(1) 东部地区企业	(2) 中西部地区企业	(3) 全样本
SAGG	0.385 5*** (0.057 7)	0.159 6* (0.093 8)	0.201 0*** (0.059 4)
$SAGG^2$	−0.120 1** (0.054 9)	−0.123 3* (0.067 4)	−0.110 6** (0.055 8)
SOPEN	0.351 2*** (0.043 5)	0.189 9*** (0.051 1)	0.237 4*** (0.048 7)
SAGG * SOPEN	0.251 8 (0.156 8)	0.145 2 (0.112 5)	0.187 2 (0.145 1)
$SAGG^2$ * SOPEN	−0.338 1** (0.148 2)	−0.216 9** (0.104 2)	−0.230 1** (0.115 6)
SAGG * EAST			0.168 8** (0.069 7)
$SAGG^2$ * EAST			−0.092 3** (0.046 0)
SOPEN * EAST			0.158 2*** (0.055 6)
SAGG * SOPEN * EAST			0.115 3 (0.093 3)
$SAGG^2$ * SOPEN * EAST			−0.153 9* (0.090 6)
EAST			0.025 5*** (0.008 3)
AGE	0.006 3** (0.002 6)	0.003 8** (0.001 5)	0.004 7** (0.002 0)
SCALE	−0.007 8*** (0.002 7)	−0.006 9*** (0.002 1)	−0.007 6*** (0.002 3)
CAP	0.018 3** (0.007 8)	0.011 2** (0.004 9)	0.012 5** (0.005 2)
WAGE	0.019 2*** (0.006 1)	0.014 1*** (0.005 0)	0.018 8*** (0.005 9)
STATE	−0.008 3*** (0.002 4)	−0.007 6** (0.003 1)	−0.008 0*** (0.002 6)
HHI	−0.010 4 (0.006 5)	−0.009 2 (0.005 9)	−0.009 6 (0.006 4)

变量	（1）东部地区企业	（2）中西部地区企业	（3）全样本
CONS	0.552 6*** (0.017 1)	0.538 8*** (0.019 5)	0.544 1*** (0.018 1)
时间固定	Y	Y	Y
企业固定	Y	Y	Y
观测值	139 929	7 694	147 623
R^2	0.299 5	0.245 2	0.301 1

注：*、**、***依次表示显著性检验中10%、5%、1%的水平，（）内是在企业一年份层面聚类的稳健标准误。Y表示控制了相应的效应，N表示未控制。

6.4.3.3 行业密集度层面的异质性

投入产出所依赖的要素密集度是行业异质性的划分标准之一，资本技术密集度越高的行业对生产性服务要素的依赖程度就越强，其对服务价格的变动也更为敏感。故在表6-8中的第（1）列和第（2）列，将按照制造企业所属行业的要素密集度，分别考察生产性服务业集聚与开放对资本技术密集型行业和劳动密集型行业中制造企业全要素生产率子样本的差异性影响。并且，在第（3）列全样本回归中加入资本技术密集型行业虚拟变量 TEC 与各核心解释变量的乘积交互项，将企业所属行业为资本技术密集型的 TEC 设为"1"，企业所属行业为劳动密集型的 TEC 则设为"0"①，以便分析乘积交互项的估计结果。

由第（1）列的回归结果可知，生产性服务业集聚对资本技术密集型行业所在企业的全要素生产率具有显著的倒"U"型影响，生产性服务业开放对资本技术密集型行业所在企业的全要素生产率具有显著的促进作用，且生产性服务业集聚能显著调节贸易开放对该类行业所在企业的全要素生产率的影响程度。由第（2）列的回归结果可知，生产性服务业集聚对劳动密集型行业所在企业的全要素生产率的倒"U"型影响并不显著，其影响主要体现为线性的促进作用，且生产性服务业开放可显著提高劳动密集型行业所在企业的全要素生产率，而生产性服务业集聚可正向调节其贸易开放对该类行业所在企业全要素

---

① 这里按照行业要素密集度将样本企业划分为两类，采用固定资产除以全部从业人员年均数的比值衡量人均固定资产（K/L），将人均固定资产大于及等于行业中位数的划归为资本技术密集型制造行业，人均固定资产小于行业中位数的划归为劳动密集型制造行业，该划分基本可以反映这两类要素密集型行业的特征。

生产率的促进作用。

由第（3）列的估计结果可知，乘积交互项 $SAGG^2 * TEC$ 的估计系数为负，且具有显著性，这表明相比于劳动密集型行业，生产性服务业集聚对资本技术密集型行业所在企业的全要素生产率的倒"U"型影响效应更大。乘积交互项 $SOPEN * TEC$ 的估计系数显著为正，这表明生产性服务业开放对资本技术密集型行业所在企业的全要素生产率的促进作用更强烈。而乘积交乘项 $SAGG^2 * SOPEN * TEC$ 的估计系数显著为负，表明生产性服务业集聚对资本技术密集型行业所在企业的全要素生产率的倒"U"型调节效应更大。由此可见，产业集聚的规模效应及贸易开放的溢出效应等均有利于降低生产性服务要素的价格，提升服务质量，这使得对于生产性服务要素依赖性更大的资本技术密集型行业受益更大。随着研发创新服务的供给、信息传输技术的普及、科学知识溢出的增强，资本技术密集型行业所在企业的全要素生产率将提升得更快。故在推进先进制造业与现代服务业深度融合发展上，可从生产性服务业的集聚与开放切入，寻找连接点与衔接口。

表6-8　企业所属行业密集度的异质性分析结果

变量	（1）资本技术密集型制造行业	（2）劳动密集型制造行业	（3）全样本
$SAGG$	0.524 7*** (0.051 7)	0.145 1* (0.084 8)	0.213 3*** (0.058 0)
$SAGG^2$	−0.173 2*** (0.042 8)	−0.139 2 (0.086 4)	−0.103 3** (0.048 9)
$SOPEN$	0.317 2*** (0.041 5)	0.228 3*** (0.056 1)	0.197 4*** (0.054 4)
$SAGG * SOPEN$	0.182 8 (0.124 5)	0.113 4 (0.127 1)	0.154 7 (0.146 6)
$SAGG^2 * SOPEN$	−0.179 3*** (0.058 2)	−0.163 3 (0.122 8)	−0.145 9** (0.072 9)
$SAGG * TEC$			0.248 7*** (0.062 1)
$SAGG^2 * TEC$			−0.130 5** (0.052 8)
$SOPEN * TEC$			0.163 7*** (0.051 9)

变量	(1) 资本技术密集型制造行业	(2) 劳动密集型制造行业	(3) 全样本
$SAGG \square SOPEN \square TEC$			0.148 9 (0.104 6)
$SAGG^2 * SOPEN * TEC$			−0.100 2** (0.050 3)
TEC			0.017 9*** (0.004 8)
AGE	0.003 9** (0.001 8)	0.004 2** (0.001 7)	0.005 1** (0.002 0)
$SCALE$	−0.008 9*** (0.002 2)	−0.007 9*** (0.002 5)	−0.008 6*** (0.002 7)
CAP	0.017 3*** (0.005 5)	0.008 5** (0.004 0)	0.012 4** (0.004 9)
$WAGE$	0.014 9*** (0.005 4)	0.022 7*** (0.006 4)	0.017 9*** (0.005 8)
$STATE$	−0.009 3*** (0.003 0)	−0.005 7* (0.003 2)	−0.009 2*** (0.002 7)
HHI	−0.010 9 (0.007 1)	−0.008 9 (0.006 0)	−0.009 3 (0.006 1)
$CONS$	0.493 3*** (0.020 4)	0.513 3*** (0.022 8)	0.515 0*** (0.019 4)
时间固定	Y	Y	Y
企业固定	Y	Y	Y
观测值	95 854	51 769	147 623
R^2	0.297 1	0.265 5	0.305 5

注：*、**、***依次表示显著性检验中10％、5％、1％的水平。（）内是在企业一年份层面聚类的稳健标准误。Y表示控制了相应的效应，N表示未控制。

6.5 本章小结

当前，我国经济面临着由高速增长向高质量发展转变的新常态，产业体系面对着推动制造业高质量发展、推进先进制造业与现代服务业深度融合的机遇与挑战。基于此背景，本章使用工企数据库 2000—2007 年的微观企业样本数据，通过系统性地研究表征本地化内循环模式的生产性服务业集聚与表征外循环模式的生产性服务业开放两类现象，探讨其对我国微观制造企业全要素生产率的作用机制与影响效果。从内外双循环视角有机衔接并把握服务业与制造业融合发展的产业空间布局，可有效展示并支持国内大循环与国际国内双循环的新发展格局，同时促进服务业的大发展并提升制造业的核心竞争力。

本章主要有如下结论。

第一，在控制了企业个体、年份效应及一系列控制变量后，表征本地化内循环模式的生产性服务业集聚对微观制造企业的全要素生产率具有显著的倒"U"型影响。在研究期内，主要表现为马歇尔技术外部性，集聚产生的规模效应大于拥挤效应。表征外循环模式的生产性服务业开放对制造企业全要素生产率具有显著的促进作用。并且，生产性服务业集聚在未达到临界值前能够强化生产性服务业开放对企业全要素生产率的促进作用，在超过临界值后则会弱化生产性服务业开放对企业全要素生产率的提升效用，即存在倒"U"型的调节效应。

第二，采用地区海拔的客观数据构造产业集聚的工具变量，使用印度服务贸易限制指数构造我国生产性服务业开放的工具变量，以及使用两个原变量的滞后一期作为其工具变量，进行内生性检验。回归分析发现原估计结果具有稳健性，上述研究结论仍然成立。并且，本章还针对观测值的范围，进行了规模以上企业样本选择及连续变量样本观测值的缩尾处理，还采用 OP 方法、OLS方法和 FE 方法重新测度被解释变量，再次回归的估计结果表明本章的核心结论不变。

第三，异质性的回归结果显示，生产性服务业集聚对于国有制造企业、东部地区制造企业以及资本技术密集型制造企业的全要素生产率的提升幅度更大，而生产性服务业开放对非国有制造企业、东部地区制造企业和资本技术密集型制造企业的全要素生产率的促进作用更加明显，并且生产性服务业集聚在其贸易开放促进全要素生产率的调节效应上，对于东部地区企业及资本技术密集型企业的调节效应更强。

7 研究结论与政策建议

7.1 研究结论

自改革开放尤其是中国加入世贸组织以来，我国服务业的开放问题就备受关注，服务业的渐次开放与贸易自由化是我国加入世贸组织 20 多年来的主要成就之一。面对全球"百年未有之大变局"，我国积极践行着扩大开放的承诺，未来发展的机遇与挑战将并存。本书正是在此背景下，从服务业开放的角度切入，使用国内外多种数据库与大量文件资料对我国服务业整体及细分部门的开放水平进行广范围、多视角的分析，并在此基础上，针对服务业开放及市场竞争加剧与制造业出口技术复杂度、知识密集型服务业开放与制造企业出口国内附加值率、生产性服务业集聚及开放与制造企业全要素生产率三个维度，考察了服务业开放的经济效应。本书的主要结论可概括如下：

第一，在服务业开放水平的分析上。首先，在承诺概况上，我国作出开放承诺的服务大类有 9 个，占比达 75.00%；我国承诺开放的服务项目有 93 个，占比达 58.13%。在限制形式上，我国在"市场准入限制"上设置了更高的服务贸易壁垒，而在"国民待遇限制"上设置的壁垒相较而言略低。在服务提供模式上，对于跨境交付和境外消费设置的限制较少，而对于商业存在和自然人流动设置的限制较多。其次，在开放情况上，我国服务贸易限制指数以外资准入限制为主要方式，整体上服务贸易的 $STRI$ 均值达 0.443，且具有波动下降的良好发展态势；细分服务部门的 $STRI$ 均值离散度较大，其中均值最大和最小的服务部门分别是快递服务和建筑服务；有 14 个服务部门的 $STRI$ 指数在研究期间降幅大于 0，7 个部门等于 0，1 个部门小于 0。另一方面，我国服务业整体的外商直接投资限制指数从研究初期的 0.716 降低到研究期末的 0.316，降幅为 55.9%，其中，降幅排名前三的服务部门分别为分销服务、酒店和餐馆服务及房地产投资服务，降幅排名最后的3个服务部门依次是传媒服务、通信服务和运输服务。此外，在研究期间我国服务业整体的综合开放度在8.99%～11.36%之间，具有波动下降的变化特征，且服务贸易进口额对综合开放度的影响最大。在细分的服务部门上，综合开放度最高的是旅游、餐饮与住宿服务部门，而最低的则是文化、体育与娱乐服务部门。最后，在四川案例上，四川省生产性服务业的开放水平排在全国第7位，是唯一一个综合得分排名进入前十的西部地区，具有良好的经济发展基础与产业开放环境，但在资源配置与对外合作方面则略显不足。

第二，在兑现服务开放承诺、服务市场竞争加剧的制造业出口技术复杂度提升效应上，兑现服务开放承诺所带来的服务市场竞争加剧显著促进了地区制造业出口产品质量的提升。并且，服务开放所引起的市场竞争加剧对于出口产品质量具有提升作用的研究结论，在考虑了双重差分法的多个识别假设检验及一系列稳健性检验后，依然成立。这不仅从侧面印证了我国入世服务承诺渐次开放的合理性，还为我国今后进一步扩大服务业开放提供了前期的事实参考。这里，值得特别注意的是，服务开放与竞争加剧的制造业出口技术复杂度提升效应对于原有竞争程度较小的地区而言，其促进作用更大。这不仅有利于发挥原有服务发展滞后地区的出口产品质量赶超优势，还有助于改善地区间经济发展不平衡、不充分的问题。

第三，在知识密集型服务业开放的制造企业出口国内附加值率提升效应上，知识密集型服务业开放可显著提升我国制造企业的出口国内附加值率。在细分的服务部门促进效应上，科学研究与技术服务业、金融服务业的开放对于出口国内附加值率的促进效应高于整体水平。并且，在考虑了内生性问题、改变变量衡量方式及变更观测样本等一系列稳健性检验后，该结论依然成立。在影响效应的异质性检验上，知识密集型服务业开放对于纯一般贸易型企业、民营企业、技术密集型企业、中部地区企业的出口国内附加值率的提升效应更为明显。在作用机制的中介效应检验上，提高国外进口中间品的相对价格及提升企业的成本加成率，是知识密集型服务业开放影响企业出口国内附加值率的两个渠道。

第四，在生产性服务业集聚与开放的制造企业全要素生产率提升效应上，生产性服务业集聚对微观制造企业的全要素生产率具有显著的倒"U"型影响，而生产性服务业开放则具有显著的促进作用。并且，生产性服务业集聚能够倒"U"型调节其贸易开放与企业全要素生产率之间的关系，即在低于临界值时表现出正向调节效应，强化生产性服务业开放对企业全要素生产率的促进作用；在低于临界值时表现出负向调节效应，弱化生产性服务业开放对企业全要素生产率的提升效应。此外，该结论在考虑了内生性问题、变更观测样本范围及变更变量测算方法等一系列稳健性检验后依然成立。在作用效果的异质性检验上，生产性服务业集聚对国有性质、东部地区及资本技术密集类型制造企业全要素生产率的提升幅度更大，而生产性服务业开放对非国有性质、东部地区及资本技术密集类型制造企业全要素生产率的促进作用更大，且生产性服务业集聚能够在更大程度上调节贸易开放对东部地区及资本技术密集型制造企业全要素生产率的影响。

7.2   政策建议

根据本书中第 3 章至第 6 章的研究结果，在服务业开放水平分析及其对多种经济绩效影响效应的结论基础上，结合我国当前服务业的发展现状，为实现我国高水平开放及高质量发展，可得出如下的政策启示。

7.2.1   基于开放水平分析的启示

根据本书第 3 章中我国服务业开放水平的分析结果，在今后服务业的开放上可致力于行业内部结构的优化、制度性开放体制的定型、高端服务人才的培育及企业逆向技术溢出的投资等，具体表现为以下几个方面。

第一，应遵循逐步开放原则，优化我国服务业开放的行业内部结构，在贸易开放与产业保护间寻找平衡点。在行业的开放结构中，我国存在着开放不足与过度开放并存的情况。例如，建筑服务、工程咨询等商业服务业的开放水平较高行业的比较优势显著，国际竞争力较强。航空及内河等运输服务业的开放水平相对较低，开放度有待进一步提高。值得注意的是，对于海洋运输服务而言，从该行业的发展状况来看已存在过度开放的情形（佟家栋和李胜旗，2014）。基于对开放的可持续发展及降低系统性风险的考量，今后在高水平开放策略上，除适度降低准入限制，还应合理配置服务业开放的内部结构。对于开放度较低的部门应进一步削减负面清单，采用审慎监管，放宽准入门槛；而对于开放度较高的部门，则应深化开放力度，建立预警机制，避免过度开放而带来的安全风险。

第二，应坚持公开透明方针，完善我国服务业开放的法律法规，实质性打破个别政策体制的掣肘。当前，我国服务业开放在国民待遇方面的限制已得到普遍降低。未来，我国对于服务市场的外资准入限制则有待进一步削减。故应有序放宽外资在经营业务范围、股权占比、注册资本金等方面的限制，持续缩减针对外资在税收、审批、采购、补贴等方面的约束。同时，加强国内法律法规及规章制度的透明度，完善涉外服务的法律法规，以实现我国开放体系从政策性开放向制度性开放的转变。可结合服务业开放的真实利得与制度性开放的法律环境，及时调整与经济发展不相适应的外资限制与法律法规，清除诸如"玻璃门""弹簧门"等的限制措施，降低行政干预，打破地方保护主义，以便从制度层面确保开放承诺与政策实施的真实度与落地性。

第三，应结合部门特征，积极培育服务业的高端人力资本。在自然人流动上，我国设置了较多壁垒，可适当降低对人才流动的限制。服务业尤其是知识型服务业，是分属于典型的智力型行业，如策划咨询、评估认证、法律及会计等服务，均需要有资质的人才及专业的技能，但我国国内的此类人才供给则长期处于短缺的境况。在自然人流动上，无论对于市场准入还是国民待遇，我国设置的限制均较高，对于大多数的服务部门而言采取了"不予承诺"的方式，这又在一定程度上减少了人才供给，使得此类服务要素缺乏、创新动力不足。因此，一方面，我国需根据服务需求与行业特点，主动降低部分服务部门对于自然人流动的限制，制定国际高端服务人才的引进政策，改变今后我国在服务贸易谈判中的被动地位。另一方面，应鼓励人才回流，为我国培育更多的能适应国际竞争环境的服务类人才，积累本土高端服务市场的人力资本，以应对日后服务专业化与多样化的需求。

第四，可顺应企业"走出去"的契机，推动我国企业对发达国家的服务业直接投资，获得逆向技术溢出，以反哺国内服务业发展。在新一轮全球化进程中，鉴于发达国家具有较高的服务业开放度，我国可增进诸如技术含量高、增加值占比大、创新能力强、环境污染少的服务类对外直接投资，获得出口带动、技术外溢、投资收益等好处。在更大范围与更广领域中展开服务合作，建立全球性服务生产网络，改善服务投资环境，通过对发达国家知识及技术寻求型对外直接投资的外溢效应，推动我国服务产业的升级。此外，还可审视并对比我国与其他国家（地区）对于外商限制的方式与措施，择机推进国内多样化的服务开放举措，并根据我国服务业自身的优势及特点，适时推出与国外高标准经贸规则相衔接的由我国主导的服务领域规则体系，提高我国在全球服务开放规则制定上的主动性与话语权。

7.2.2　基于服务业开放与市场竞争加剧的启示

根据本书第 4 章的研究结论可知，服务业开放通过加剧市场竞争，可提升制造业出口产品质量。服务开放与市场竞争可发挥"鲶鱼效应"，倒逼并刺激国内服务市场的良性发展，为制造企业技术更新及产品升级提供服务支持。由此可见，在推进制造业高质量发展过程中应注意以下几点。

第一，应遵循市场经济的发展规律，通过扩大开放引入竞争淘汰机制，提升企业生产效率及产品质量。今后在"继续推进外资自由化进程，稳定外商投资，扩大外资市场准入，全面引入负面清单管理模式"的基础上，政府应因势利导地发挥市场机制，促进有效竞争，以形成相互竞争、共同促进的良性发展格局。

第二，在各地区产业基础上，政府应适度引入竞争机制，为服务产业优化提供配套措施。本书在第 4 章分析中提出，扩大服务业开放对于初始服务竞争程度较低地区的制造业出口技术复杂度具有更大的促进作用，故政府在产业布局上，除进一步扩大服务业的开放水平，还可向服务竞争程度较低的地区进行一定程度的政策倾斜，尽量缩小地区间服务业的发展差距。在外资准入及管理上给予较大的灵活操作空间，加强贸易伙伴间的合作，在推动制造业出口产品质量提升的同时，兼顾并缓和地区间的平衡发展问题。

第三，在扩大开放、促进改革的同时，政府还应加快国内经济体制改革的进程，坚持政企分开及公平竞争的原则，调动国有企业主动、充分地参与竞争，提升企业竞争能力、管理水平及产品质量。

7.2.3　基于知识密集型服务业开放的启示

本书第 5 章从微观视角对知识密集型服务业的开放绩效与贸易红利进行了客观评估，为我国今后服务业的高水平开放及出口贸易的高质量发展提供了有益的政策启示。

第一，在审慎原则下持续推进我国知识密集型服务业的深度开放，加快实施并践行涉及服务领域的市场准入负面清单制度。鉴于知识密集型服务业开放对于制造企业出口国内附加值率具有显著的促进作用，其在市场准入与国民待遇政策上的逐步开放将有助于国内企业解锁被全球价值链中低端锁定的问题。故应加快与制造企业出口及中间投入密切相关的知识密集型服务行业开放。同时，着重推进科学研究与技术服务业、金融服务业的对外开放。借助"一带一路"倡议及区域全面经济伙伴关系协定（Regional Comprehensive Economic

Partnership，RCEP）生效的契机，我国应进一步降低外资准入门槛、加强国际服务监管合作与资格互认。围绕服务业的负面清单管理，积极引进国外优质的服务企业在国内建立分支机构，并提高本土服务企业对制造出口的服务配套能力，为我国制造企业提供多样化、质量高、价格优的知识密集型服务要素。

第二，完善服务领域规则建设，打通服务开放的"任督二脉"。未来，更高标准的经贸规则将是各国（地）参与国际经济与合作必将面对的问题，除了关税、环境减排及劳工保护等领域，服务领域的开放仍是谈判的重点，服务业开放下的部门合规问题需引起重视，尤其是涉及技术密集型服务产品的进出口问题。此外，根据知识密集型服务业开放的影响机制，应提高企业的产品定价能力、完善国内中间品市场的服务供应与采购。通过充分发挥市场竞争效应、知识外溢效应、投入产出涟漪效应，打造降低国内中间品相对价格、提高企业成本加成率的作用路径，延长制造企业出口的国内价值链条，并有助于"中国服务"与"中国制造"向全球价值链中高端的攀升。

第三，基于知识密集型服务业的行业特点，需要加强知识产权保护力度、加快知识专利审批流程、完善国内制度环境建设。当前，国内产业链上下游的联系更加紧密，通过产业链、创新链、服务链的高效融合，能极大发挥服务市场开放的积极作用，提高知识密集型服务产品的附加价值。因此，统筹高水平开放体系下的知识产权保护，严厉制裁知识产权欺诈、造假等做法，打击垄断及不正当竞争等行为，从而降低知识密集型服务的交易成本，增强其服务开放与制造企业出口的耦合协调机制。同时，通过维护知识密集型服务市场的秩序，推进企业规范化、法治化的运营模式，为外商服务提供者及国内企业服务外包需求者提供优质的境内法制化保障。

第四，优化出口贸易结构，支持中小企业创新发展，提高产品技术含量，强化中西部地区开放，以便在更大的程度上享有服务开放红利。鉴于知识密集型服务业开放对制造企业出口国内附加值率的影响在纯一般贸易型企业、民营企业、技术密集型企业及中部地区企业等异质性企业类型中的促进效应更大，可着重对这些异质性企业类别进行重点扶持。首先，在我国特殊的二元贸易体制下，由加工贸易逐步向一般贸易的转型升级将成为必然之势。一般贸易型企业的出口国内附加值率明显高于加工贸易型，故应逐步降低加工贸易占比，扩大一般贸易规模，使企业从低出口国内附加值率的加工贸易模式向高出口国内附加值率的一般贸易模式进行适当选择与逐步转换，从而有效发挥知识密集型服务业开放的贸易红利。其次，逐步落实对中小型民营企业的支持政策。相应地，从借贷配套、外资引入、技术引进等方面切入，为民营企业的研发创新提供支持，激发其价值创造与出口竞争能力，切实提升该类企业的分工地位与创新活动。再次，加强对于技术密集型企业的扶持力度，该类企业对于核心技术研发及知识溢出的吸收能力更强，有助于我国制造业占领技术制高点，更能有效提升知识密集型服务业开放的贸易促进效应，该类型企业将是今后利用高水平开放促进高质量发展的重点企业。最后，应尽量缩小全国各地区间的服务发展差距，尤其是加强对于中部地区知识密集型服务市场的开放与培育。例如，在武汉、郑州等中部内陆地区设立示范区，对接开放协定，先行先试。随着我国地区间制造业的梯度转移，知识密集型服务业开放可为中部地区提供足够的承接配套服务与多方位支持，同时为其经济发展提供重要机遇，以实现该地区产业高质量的发展与价值链中高端的攀升。

7.2.4　基于生产性服务业集聚与开放的启示

根据本书第 6 章的研究结论可知，生产性服务业集聚对制造企业全要素生产率存在显著的倒"U"型影响，而其开放可显著促进我国制造企业的全要素生产率。那么，就产业集聚与贸易开放的政策建议而言有以下几点建议。

第一，在建设制造强国之路上，应持续推动先进制造业与现代服务业的深度融合。先进制造业与现代服务业融合是我国高质量发展的重要支撑，通过产业链上下游间更加紧密的关联与分工，更能充分发挥生产性服务业集聚与开放对制造企业全要素生产率的支持作用。通过构筑国内生产性服务业大规模集聚的本地化服务体系，加快落实生产性服务领域的外资准入负面清单制度，保障生产性服务要素在国内市场的自由流动，延伸制造业的价值链条，从而全方位共享集聚经济与服务开放所带来的生产效率提升红利。

第二，构建全国性统一市场，有效推进区域间的协调发展。政府应重视地区间政策的协调统一，推进国内生产性服务要素的市场一体化发展。积极引导各区域、各城市制造企业与服务要素集群间的产业关联，加强生产性服务业的空间适度集聚，促进各类生产要素间的高度协同。通过发挥专业化要素投入、劳动力共享、综合成本降低及知识技术外溢等效应，促进生产性服务要素的跨区域流动，推进上下游相关产业的配套完善，从而促进制造企业全要素生产率的提升。

第三，借助"一带一路"倡议及 RCEP 协定，有序开放生产性服务部门。在更宽领域、更深层次的对外开放下，生产性服务业的有序开放尤为关键，其开放的深度与广度应与制造企业生产效率进行密切关联。因此，政府可依托"一带一路"倡议与 RCEP 协定，从外资市场准入、境内股权限制、国际监管合作等方面入手，推进我国经济双循环与亚太地区经济一体化，降低门槛、缩减清单、互认身份、优化环境，积极引进国外高端的生产性服务企业，对重点服务方向、领域、环节进行集中突破，提高生产性服务要素的质量与价值，从而为企业全要素生产率的提升提供助力。

第四，在推动产业高质量发展时，对于国有性质、东部地区及资本技术密集型的制造企业而言，应充分发挥生产性服务业集聚对该类型企业全要素生产率更大的影响效应；同时，扩大生产性服务业开放的地域、行业、比例等，以发挥其对非国有性质、东部地区及资本技术密集型的制造企业全要素生产率更大的提升作用。可见，在国有资本上，国企改革是重中之重，需提升其全要素生产率水平，以高质量发展赢得先机。故可使国企融入产业集群，以更好享有城市生产性服务业的低成本优势、高质量要素供给、知识技术溢出等规模效应的正向外部性。同时，在承接国际产业转移上，东部制造企业利用先进服务业配套支持的发展潜力更强。因而，依靠集聚经济及服务开放，其全要素生产率可得到快速提升。此外，在资本要素及技术创新上，应构建开放、协同、高效的共同技术研发平台及人才交流协作平台。健全服务创新机制，为服务业集聚与开放创造良好的产业内部条件，以更好地享有产业集聚与贸易开放的红利。

第五，在新发展格局中，地方政府应重视产业集群的形成，为地区产业发展与效率提升提供平台，以构筑集聚区自我循环发展的内生性动力机制。一方面，通过统筹推进区域间的协调发展，打破地区间的行政性地方保护壁垒，推动要素的跨区域自由流动，降低生产性服务业集聚的过度竞争。另一方面，通过打造市场需求引致、政府合理引导的产业空间集聚，形成有序的层级分工合作与互补模式，打造区域整合优化的生产性服务市场，进而为具备行业、技术、产品及组织的世界级制造强国之路作铺垫。

7.3 研究不足与研究展望

本书从我国服务业的发展现状出发，结合我国入世服务贸易承诺、服务贸易限制指数等多种资料，先对我国服务业整体及细分部门的开放水平进行分析，然后在此基础上考察了服务业开放的三类经济效应，以期对我国今后进一步的服务开放与产业发展建言献策。随着服务经济的重要性日益提升，服务经济学的理论将更加完备，其研究方法也将不断改进，在服务数据统计制度持续完善的支持下，对于服务业开放的研究必将更加深入。由此，本书可从以下方面进行完善与展望。

第一，本书第 3 章在分析我国服务业整体及细分服务部门的开放水平时，着重于国家与行业层面，对于我国各个地区层面的开放分析较少，也缺乏具体的基于城市层面的服务业开放政策建议。由于我国各省、自治区、直辖市对于服务业的数据统计工作起步相对略晚，个别地区还存在着服务统计机构设立不健全、数据采集与使用不规范、统计力量薄弱等突出问题，出现了部分服务统计数据前后不一致、加总数据不符、年份统计不连续、缺乏服务细分部门统计数据等问题，使得对于部分地区服务业开放水平的研究缺乏数据支持。随着国家统计机构对此类问题的重视与改进，今后对于我国 31 个省、自治区、直辖市及 300 多个地级市的服务业开放水平分析将变得可行。另外，现有的经合组织数据库覆盖的国家及地区数量较为有限，年份统计数据更新缓慢，且在细分服务部门上存在较多数据缺失的情况，这使服务业开放水平的分析质量受到了一定影响。

第二，本书第 4 章在研究地区服务业开放与市场竞争加剧的作用效果时，着重于分析集中兑现服务开放政策与国内服务市场竞争加剧对各地区制造业出口产品质量的影响方向，即对促进或抑制作用进行研究，而未对其具体的影响渠道进行严谨的计算。同样，本书第 6 章在研究表征地区服务体系的产业集聚与贸易开放的经济效应时，也着重于分析两者间对于制造企业全要素生产率的影响方式，如倒"U"型影响、促进作用及其调节效应等，也未对具体的作用机制进行模型推导与机制检验。这里对于机制分析中关于产业上下游关联效应、技术信息共享效应、资源再配置效应、规模经济、拥挤效应等渠道的研究，可作为本书后续深入研究的方向，将作用机制纳入统一的数理分析框架之中，再采用合适的变量衡量各类作用机制后，使用中介效应等模型进行相应的作用机制检验与分析。

第三，本书在实证分析时，对于制造企业样本的研究窗口期主要选取的是 2000—2007 年，在有效期上确实存在一定的时滞性，其主要原因是微观企业匹配数据库的问题。其中，中国工业企业数据库记录了 1996 年开始中国全部国有与年营业额 500 万元及以上的非国有大中型工业企业的行为和绩效等情况，自 2011 年起该数据库又将规模以上非国有企业统计标准改为年营业额 2000 万元及以上。然而，该数据库从 2008 年开始，在公布的统计指标中就缺少了诸多有用信息，如法人代表名字、工业增加值及出口交货值等，这就使得后续数据库的匹配效果不佳，更难以计算出连续的企业全要素生产率。囿于数据可得性与连续性要求，现有文献使用最多的是该数据库2000—2007 年的匹配数据。今后，随着更多企业微观数据库的开发与更新，后续研究可深入探讨有效期更新的服务业开放问题，例如结合国泰安数据库中我国 A 股制造业上市公司样本与海关贸易数据库进行匹配，可使研究结果更具政策操作性与指导意义。

参考文献

中文文献

[1] 艾建国，陈泓冰，鲁璐. 武汉城市圈城市发展水平与差异研究 [J]. 统计与决策，2011（19）：84—86.

[2] 白洁. 中美服务贸易开放度的比较与启示—— 基于频度分析的方法 [J]. 亚太经济，2015（6）：78 -84.

[3] 白清. 生产性服务业促进制造业升级的机制分析——基于全球价值链视角 [J]. 财经问题研究，2015（4）：17—23.

[4] 程大中. 加快推进生产性服务业高质量发展——基于经济循环优化与价值链地位提升视角 [J]. 人民论坛·学术前沿，2021（5）：28—40.

[5] 陈建军，陈菁菁. 生产性服务业与制造业的协同定位研究——以浙江省69个城市和地区为例 [J]. 中国工业经济，2011（6）：141—150.

[6] 陈明，魏作磊. 生产性服务业开放对中国制造业生产率的影响分析——基于生产性服务细分行业的角度 [J]. 经济评论，2018（3）：59—73.

[7] 陈维涛，严伟涛，庄尚文. 进口贸易自由化、企业创新与全要素生产率 [J]. 世界经济研究，2018（8）：62—73，136.

[8] 陈雯，苗双有. 中间品贸易自由化与中国制造业企业生产技术选择 [J]. 经济研究，2016（8）：72—85.

[9] 程大中，虞丽，汪宁. 服务业对外开放与自由化：基本趋势、国际比较与中国对策 [J]. 学术月刊，2019（11）：40—59.

[10] 崔晓敏，余淼杰，袁东. 最低工资和出口的国内附加值：来自中国企业的证据 [J]. 世界经济，2018（12）：49—72.

[11] 戴魁早. 技术市场发展对出口技术复杂度的影响及其作用机制 [J]. 中国工业经济，2018（7）：117—135.

[12] 戴翔. 服务贸易自由化是否影响中国制成品出口复杂度 [J]. 财贸研究，

2016（3）：1—9.

[13] 戴翔. 制度型开放：中国新一轮高水平开放的理论逻辑与实现路径 [J]. 国际贸易，2019（3）：4—12.

[14] 戴翔，金碚. 产品内分工、制度质量与出口技术复杂度 [J]. 经济研究，2014（7）：4—17，43.

[15] 杜运苏，彭冬冬，陈启斐. 服务业开放对企业出口国内价值链的影响——基于附加值率和长度视角 [J]. 国际贸易问题，2021（9）：157—174.

[16] 樊瑛. 国际服务贸易模式与服务贸易自由化研究 [J]. 财贸经济，2010（8）：76—82，137.

[17] 樊瑛. 中国服务业开放度研究 [J]. 国际贸易，2012（10）：11—17.

[18] 高翔，刘啟仁，黄建忠. 要素市场扭曲与中国企业出口国内附加值率：事实与机制 [J]. 世界经济，2018（10）：26—50.

[19] 龚静，盛毅，袁鹏. 制造业服务化与企业出口国内附加值率——基于制造企业微观数据的实证分析 [J]. 山西财经大学学报，2019（8）：57—70.

[20] 顾乃华. 生产性服务业对工业获利能力的影响和渠道——基于城市面板数据和 SFA 模型的实证研究 [J]. 中国工业经济，2010（5）：48—58.

[21] 郭淑芬，裴耀琳，吴延瑞. 生产性服务业发展的产业结构调整升级效应研究——来自中国 267 个城市的经验数据 [J]. 数量经济技术经济研究，2020（10）：45—62.

[22] 韩峰，庄宗武，李丹. 国内大市场优势推动了中国制造业出口价值攀升吗？[J]. 财经研究，2020（10）：4—18.

[23] 侯欣裕，孙浦阳，杨光. 服务业外资管制、定价策略与下游生产率 [J]. 世界经济，2018（9）：146—170.

[24] 黄建忠，袁珊. 两岸服务贸易自由化评估及福建对台服务合作——基于两岸加入 WTO 与 ECFA 中服务贸易开放承诺的比较 [J]. 亚太经济，2011（4）：130—136.

[25] 黄金金. 中国服务业贸易壁垒测量——基于价格指标法的分析 [J]. 价格月刊，2011（11）：47—50.

[26] 江小涓. 双循环下的新发展格局 [J]. 企业管理，2021（1）：9—13.

[27] 江小涓，孟丽君. 内循环为主、外循环赋能与更高水平双循环——国际经验与中国实践 [J]. 管理世界，2021（1）：1—18.

[28] 蒋灵多，陆毅. 市场竞争加剧是否助推国有企业加杠杆 [J]. 中国工业

经济, 2018 (11)：155-173.

[29] 姜悦, 黄繁华. 服务业开放提高了我国出口国内附加值吗——理论与经验证据 [J]. 财贸研究, 2018 (5)：74-81.

[30] 李宏亮, 谢建国. 服务贸易开放提高了制造业企业加成率吗——基于制度环境视角的微观数据研究 [J]. 国际贸易问题, 2018 (7)：28-40.

[31] 李宏亮, 谢建国, 杨继军. 金融业开放与中国企业的出口国内增加值率 [J]. 国际贸易问题, 2021 (7)：54-73.

[32] 李俊青, 苗二森. 不完全契约条件下的知识产权保护与企业出口技术复杂度 [J]. 中国工业经济, 2018 (12)：115-133.

[33] 李力行, 申广军. 经济开发区、地区比较优势与产业结构调整 [J]. 经济学 (季刊), 2015, 14 (3)：885-910.

[34] 李小帆, 马弘. 服务业 FDI 管制与出口国内增加值：来自跨国面板的证据 [J]. 世界经济, 2019 (5)：123-144.

[35] 李杨, 闫蕾, 章添香. 中国生产性服务业开放与制造业全要素生产率提升——基于行业异质性的视角 [J]. 浙江大学学报 (人文社会科学版), 2018 (4)：94-110.

[36] 李胜旗, 毛其淋. 制造业上游垄断与企业出口国内附加值——来自中国的经验证据 [J]. 中国工业经济, 2017 (3)：101-119.

[37] 刘斌, 李宏佳, 孙琳. 北京市服务业开放对京津冀价值链升级影响的实证研究 [J]. 国际商务 (对外经济贸易大学学报), 2018 (2)：63-74.

[38] 刘戒骄. 服务业的开放及其对工业的影响 [J]. 管理世界, 2002 (6)：54-63, 74.

[39] 刘啟仁, 黄建忠. 贸易自由化、企业动态与行业生产率变化——基于我国加入 WTO 的自然实验 [J]. 国际贸易问题, 2016 (1)：27-37.

[40] 刘庆林, 白洁. 中国服务贸易壁垒测度：基于频度分析的方法 [J]. 财贸经济, 2014 (1)：75-83.

[41] 刘修岩, 贺小海, 殷醒民. 市场潜能与地区工资差距：基于中国地级面板数据的实证研究 [J]. 管理世界, 2007 (9)：48-55.

[42] 刘艳. 生产性服务进口与高技术制成品出口复杂度——基于跨国面板数据的实证分析 [J]. 产业经济研究, 2014 (4)：84-93.

[43] 刘奕, 夏杰长, 李垚. 生产性服务业集聚与制造业升级 [J]. 中国工业经济, 2017 (7)：24-42.

[44] 吕刚, 林佳欣. 中国服务业的实际开放度与国际竞争力：基于 FATS 和

BOP 统计口径的全面衡量 [J]. 国际经济评论, 2019 (5): 144-155, 8.

[45] 吕越, 盛斌, 吕云龙. 中国的市场分割会导致企业出口国内附加值率下降吗 [J]. 中国工业经济, 2018 (5): 5-23.

[46] 马弘, 李小帆. 服务贸易开放与出口附加值 [J]. 国际经济评论, 2018 (2): 82-92, 6.

[47] 毛琦梁, 王菲. 地区比较优势演化的空间关联: 知识扩散的作用与证据 [J]. 中国工业经济, 2018 (11): 136-154.

[48] 毛其淋, 许家云. 中间品贸易自由化与制造业就业变动——来自中国加入 WTO 的微观证据 [J]. 经济研究, 2016 (1): 69-83.

[49] 毛其淋, 许家云. 中间品贸易自由化提高了企业加成率吗？——来自中国的证据 [J]. 经济学 (季刊), 2017, 16 (2): 485-524.

[50] 毛其淋, 许家云. 贸易政策不确定性与企业储蓄行为——基于中国加入 WTO 的准自然实验 [J]. 管理世界, 2018 (5): 10-27, 62, 179.

[51] 毛其淋, 许家云. 贸易自由化与中国企业出口的国内附加值 [J]. 世界经济, 2019 (1): 3-25.

[52] 聂辉华, 江艇, 杨汝岱. 中国工业企业数据库的使用现状和潜在问题 [J]. 世界经济, 2012 (5): 142-158.

[53] 裴长洪, 刘洪愧. 中国外贸高质量发展: 基于习近平百年大变局重要论断的思考 [J]. 经济研究, 2020 (5): 4-20.

[54] 齐俊妍, 高明. 服务业市场开放与服务贸易出口复杂度提升——基于 OECD-PMR 指数的实证分析 [J]. 广东社会科学, 2019 (2): 5-16, 254.

[55] 齐俊妍, 高明. 服务业开放的边境内措施对服务贸易的影响: 基于 OECD-STRI 数据库的经验分析 [J]. 世界经济研究, 2019 (2): 37-48, 135-136.

[56] 邱斌, 叶龙凤, 孙少勤. 参与全球生产网络对我国制造业价值链提升影响的实证研究——基于出口复杂度的分析 [J]. 中国工业经济, 2012 (1): 57-67.

[57] 沈鸿, 顾乃华. 服务贸易开放能否提高制造业生产率 [J]. 经济与管理研究, 2017 (3): 72-81.

[58] 邵朝对, 苏丹妮, 李坤望. 服务业开放与企业出口国内附加值率: 理论和中国证据 [J]. 世界经济, 2020 (8): 123-147.

[59] 邵朝对，苏丹妮，王晨. 服务业开放、外资管制与企业创新：理论和中国经验 [J]. 经济学（季刊），2021（4）：1411-1432.

[60] 盛斌. 中国加入 WTO 服务贸易自由化的评估与分析 [J]. 世界经济，2002（8）：10-18，80.

[61] 盛斌，毛其淋. 进口贸易自由化是否影响了中国制造业出口技术复杂度 [J]. 世界经济，2017（12）：52-75.

[62] 盛丰. 生产性服务业集聚与制造业升级：机制与经验——来自 230 个城市数据的空间计量分析 [J]. 产业经济研究，2014（2）：32-39，110.

[63] 施炳展，张雅睿. 贸易自由化与中国企业进口中间品质量升级 [J]. 数量经济技术经济研究，2016（9）：3-21.

[64] 苏晶蕾，陈明，银成钺. 生产性服务业集聚对制造业升级影响的机理研究 [J]. 税务与经济，2018（2）：41-47.

[65] 孙浦阳，侯欣裕，盛斌. 服务业开放、管理效率与企业出口 [J]. 经济研究，2018（7）：136-151.

[66] 孙蕊，齐俊妍.《中韩自贸协定》中方服务贸易减让表评估——基于五级分类频度法和 STRI 指数方法 [J]. 中国经济问题，2017（3）：76-87.

[67] 田巍，余淼杰. 中间品贸易自由化和企业研发：基于中国数据的经验分析 [J]. 世界经济，2014（6）：90-112.

[68] 佟家栋，李胜旗. 海运企业、船队结构与发展我国海运服务贸易 [J]. 经济问题探索，2014（5）：177-183.

[69] 万红先，钱蒙蒙，焦鹏举. 中国服务业开放水平测度——基于修正的 Hoeckman 频度指数的分析 [J]. 合肥工业大学学报（社会科学版），2019（1）：1-8.

[70] 王丽丽. 集聚、贸易开放与全要素生产率增长——基于中国制造业行业的门槛效应检验 [J]. 产业经济研究，2012（1）：26-34.

[71] 王丽丽. 门槛效应、制造业地区集聚与全要素生产率增长——基于贸易开放的视角 [J]. 财经论丛，2012（3）：3-8.

[72] 王永进，盛丹，施炳展，等. 基础设施如何提升了出口技术复杂度？[J].经济研究，2010（7）：103-115.

[73] 王直，魏尚进，祝坤福. 总贸易核算法：官方贸易统计与全球价值链的度量 [J]. 中国社会科学，2015（9）：108-127，205-206.

[74] 魏江，陶颜，王琳. 知识密集型服务业的概念与分类研究 [J]. 中国软科学，2007（1）：33-41.

[75] 魏静，孙慧. 新疆十五个地州市对外开放水平比较分析——基于主成分方法和系统聚类方法分析 [J]. 中国管理科学，2014 (S1)：648-653.

[76] 吴飞霞. 基于频度与价格指标法比较的服务贸易壁垒研究 [J]. 重庆工商大学学报（社会科学版），2015 (6)：10-18.

[77] 夏杰长，姚战琪. 中国服务业开放 40 年——渐进历程、开放度评估和经验总结 [J]. 财经问题研究，2018 (4)：3-14.

[78] 谢千里，罗斯基，张轶凡. 中国工业生产率的增长与收敛 [J]. 经济学（季刊），2008 (3)：809-826.

[79] 许和连，成丽红，孙天阳. 制造业投入服务化对企业出口国内增加值的提升效应——基于中国制造业微观企业的经验研究 [J]. 中国工业经济，2017 (10)：62-80.

[80] 宣烨. 生产性服务业空间集聚与制造业效率提升——基于空间外溢效应的实证研究 [J]. 财贸经济，2012 (4)：121-128.

[81] 宣烨，余泳泽. 生产性服务业集聚对制造业企业全要素生产率提升研究——来自 230 个城市微观企业的证据 [J]. 数量经济技术经济研究，2017 (2)：89-104.

[82] 姚星，王博，王磊. 区域产业分工、生产性服务进口投入与出口技术复杂度：来自"一带一路"国家的经验证据 [J]. 国际贸易问题，2017 (5)：68-79.

[83] 姚洋，张晔. 中国出口品国内技术含量升级的动态研究——来自全国及江苏省、广东省的证据 [J]. 中国社会科学，2008 (2)：67-82，205-206.

[84] 姚战琪. 入世以来中国服务业开放度测算 [J]. 经济纵横，2015 (6)：20-26.

[85] 姚战琪. 服务业真实开放度的提升对我国服务业竞争力的影响 [J]. 北京工商大学学报（社会科学版），2015 (6)：22-30.

[86] 姚战琪. 中国服务业开放度测算及其国际竞争力分析 [J]. 国际贸易，2018 (9)：48-54.

[87] 余娟娟，余东升. 政府补贴、行业竞争与企业出口技术复杂度 [J]. 财经研究，2018 (3)：112-124.

[88] 余淼杰. 中国的贸易自由化与制造业企业生产率 [J]. 经济研究，2010 (12)：97-110.

[89] 余淼杰. 加工贸易、企业生产率和关税减免——来自中国产品面的证据 [J]. 经济学（季刊），2011 (4)：100-129.

[90] 余淼杰，崔晓敏. 人民币汇率和加工出口的国内附加值：理论及实证研究 [J]. 经济学（季刊），2018（3）：1207-1234.

[91] 余淼杰，李乐融. 贸易自由化与进口中间品质量升级——来自中国海关产品层面的证据 [J]. 经济学（季刊），2016（3）：1011-1028.

[92] 余淼杰，袁东. 贸易自由化、加工贸易与成本加成——来自我国制造业企业的证据 [J]. 管理世界，2016（9）：33-43，54.

[93] 余泳泽，刘大勇，宣烨. 生产性服务业集聚对制造业生产效率的外溢效应及其衰减边界——基于空间计量模型的实证分析 [J]. 金融研究，2016（2）：23-36.

[94] 张虎，韩爱华，杨青龙. 中国制造业与生产性服务业协同集聚的空间效应分析 [J]. 数量经济技术经济研究，2017（2）：3-20.

[95] 张祥建，徐晋，徐龙炳. 高管精英治理模式能够提升企业绩效吗？—— 基于社会连带关系调节效应的研究 [J]. 经济研究，2015（3）：100-114.

[96] 张杰，陈志远，刘元春. 中国出口国内附加值的测算与变化机制 [J]. 经济研究，2013（10）：124-137.

[97] 张杰，张帆，陈志远. 出口与企业生产率关系的新检验：中国经验 [J]. 世界经济，2016（6）：54-76.

[98] 张丽，廖赛男，刘玉海. 服务业对外开放与中国制造业全球价值链升级 [J]. 国际贸易问题，2021（4）：127-142.

[99] 张天华，张少华. 中国工业企业全要素生产率的稳健估计 [J]. 世界经济，2016（4）：44-69.

[100] 张艳，唐宜红，周默涵. 服务贸易自由化是否提高了制造业企业生产效率 [J]. 世界经济，2013（11）：51-71.

[101] 张雨，戴翔. FDI、制度质量与服务出口复杂度 [J]. 财贸研究，2017（7）：59-68，76.

[102] 张智裕，朱江珂，高涵. 粤港澳大湾区对外开放水平评估 [J]. 现代经济信息，2018（16）：465-467.

[103] 仲晓东. 基于主成分分析法的江苏省现代服务业竞争力评价研究 [J]. 淮阳师范学院学报，2022（2）：131-141.

[104] 周茂，陆毅，符大海. 贸易自由化与中国产业升级：事实与机制 [J]. 世界经济，2016（10）：78-102.

[105] 周茂，陆毅，杜艳，等. 开发区设立与地区制造业升级 [J]. 中国工业经济，2018（3）：62-79.

[106] 周念利. 区域服务贸易自由化分析与评估 [M]. 北京：对外经济贸易大学出版社，2013.

[107] 朱福林. 全球服务贸易基本图景与中国服务贸易高质量发展 [J]. 管理学刊，2022 (1)：36—50.

[108] 祝树金，黄斌志，赵玉龙. 市场竞争、知识产权保护与出口技术升级——基于我国工业行业的实证研究 [J]. 华东经济管理，2017 (4)：5—11，2.

[109] 祝树金，戢璇，傅晓岚. 出口品技术水平的决定性因素：来自跨国面板数据的证据 [J]. 世界经济，2010 (4)：28—46.

[110] 祝树金，张鹏辉. 中国制造业出口国内技术含量及其影响因素 [J]. 统计研究，2013 (6)：58—66.

[111] 祝树金，钟腾龙，李仁宇. 中间品贸易自由化与多产品出口企业的产品加成率 [J]. 中国工业经济，2018 (1)：41—59.

外文文献

[1] ACKERBERG D, CAVES K, FRAZER G. Structural identification of production fimctions [R]. MPRA Paper, 2006.

[2] AHN J A, KHANDELWAL K, WEI S. The role of intermediaries in facilitating trade [J]. Journal of International Economics, 2011, 84 (1)：73—85.

[3] AIGNER D, LOVELL C A K, SCHMIDT P. Formulation and estimation of stochastic frontier production function models [J]. Journal of Econometrics, 1977, 6 (1)：21—37.

[4] AMITI M, FREUND C. The anatomy of china's export growth [R]. Policy Research Working Paper NO. 4628, 2008.

[5] AMITI M, KONINGS J. Trade liberalization, intermediate inputs, and productivity：evidence from Indonesia [J]. American Economic Review, 2007, 97 (5)：1611—1638.

[6] ANTRAS P, HELPMAN E. Global sourcing [J]. Journal of Political Economy, 2004, 112 (3)：552—580.

[7] ARNOLD J M, JAVORCIK B, LIPSCOMB M, et al. Does services liberalization benefit manufacturing firm? Evidence from the czech republic [J]. Journal of International Economics, 2011, 85 (1)：136—146.

[8] ARNOLD J M, JAVORCIK B, LIPSCOMB M, et al. Services reform and manufacturing performance: evidence from India [J]. The Economic Journal, 2016, 126 (2): 1−39.

[9] BARONE G, CINGANO F. Service regulation and growth: evidence from OECD countries [J]. The Economic Journal, 2011, 121 (9): 931−957.

[10] BAS M. Does services liberalization affect manufacturing firms' export performance? Evidence from India [J]. Journal of Comparative Economics, 2014, 42 (3): 569−589.

[11] BAS M, CAUSA O. Trade and product market policies in upstream sectors and productivity in downstream sectors: Firm − level evidence from China [J]. Journal of Comparative Economics, 2013, 41 (3): 843−862.

[12] BAUER P W. Recent developments in the econometric estimation of frontiers [J]. Journal of Econometrics, 1990, 46 (1): 39−56.

[13] BERTRAND M, DUFLO E, MULLAINATHAN S. How much should we trust differences in differences estimates? [J]. Quarterly Journal of Economy, 2004, 119 (1): 249−275.

[14] BEVERELLI C, FIORINI M, HOEKMAN B. Services trade policy and manufacturing productivity: The role of institutions [J]. Journal of International Economics, 2017, 104 (1): 166−182.

[15] BORCHERT I, GOOTIIZ B, MATTOO A. Guide to the services trade restrictions database [R]. OECD Policy Research Working Paper Serise No. 6108, 2012

[16] BRANDT L, BIESEBROECK J V, ZHANG Y. Creative accounting or creative destruction? firm−level productivity growth in Chinese manufacturing [J]. Journal of Development Economics, 2012, 97 (2): 339−351.

[17] CHARNES A, COOPER W W, RHODES E. Measuring the efficiency of decision − making units [J]. European Journal of Operational Research, 1978, 2 (6): 429−444.

[18] DAI F, LIU R X, GUO H, et al. How does intermediate consumption affect gvc positions? —A comparison between China and US [J]. China Economic Review, 2020, 63 (C): 1−14.

[19] DAWSON R. Developing knowledge − based client relationships: the

future of professional services [J]. Butterworth Heinemann, 2000 (6): 637—641.

[20] CONSOLI D, ELCHE H D. Variety in the knowledge base of knowledge intensive business service [J]. Research Policy, 2010, 39 (10): 1303—1310.

[21] ESWARAN, M. , KOTWAL A . The Role of the Service Sector in the Process of Industrialization [J]. Journal of Development Economics, 2002, 68 (2): 401—420.

[22] FAN H, LI Y A, YEAPLE S R. Trade liberalization, quality, and export prices [J]. The Review of Economics and Statistics, 2015, 97 (5): 1033—1051.

[23] FEENSTRA R C. LI Z. YU M. Exports and credit constraints under incomplete information: Theory and evidence from China [J]. Review of Economics and Statistics, 2014, 96 (4): 729—744.

[24] FERNANDES A M, PAUNOV C. Foreign direct investment in services and manufacturing productivity: Evidence for chile [J]. Journal of Development Economics, 2012, 97 (2): 305—321.

[25] GRIFFITH R, HUERGO E, MAIRESSE J. Innovation and productivity across four european countries [J]. Oxford Review of Economic Policy, 2006, 22 (2): 483—498.

[26] GEREFFI. Export—oriented growth and industrial upgrading: Lessons from the mexican apparel case [R]. Study Commissioned by the World Bank, 2005.

[27] HAUSMANN R, HWANG J, RODRIK D. What You export matters [J]. Journal of Economic Growth, 2007, 12 (1): 1—25.

[28] HELPMAN E. Imperfect competition and international trade: Evidence from fourteen industrial countries [J]. Journal of the Japanese and International Economies, 1987, 1 (1): 62—81.

[29] HOECKMAN B. Tentative first steps: An assessment of the uruguay round agreement on services [R]. World Bank Policy Research Working Paper, 1995.

[30] HUMMELS D, ISHII J, YI K. The nature and growth of vertical specialization in world trade [J]. Journal of International Economics,

2001, 54 (1): 75—96.

[31] JOHNSON R C, NOGUERA G. Accounting for intermediates: Production sharing and trade in value added [J]. Journal of International Economics, 2012, 86 (2): 224—236.

[32] KEE H L, TANG H. Domestic value added in exports: Theory and firm evidence from China [J]. American Economic Review, 2016, 106 (6): 1402—1436.

[33] KOOPMAN R, WANG Z, WEI S. Estimating domestic content in exports when processing trade is pervasive [J]. Journal of Development Economics, 2012, 99 (1): 178—189.

[34] KOOPMAN R, WANG Z, WEI S. Tracing value—added and double counting in gross exports [J]. American Economic Review, 2014, 104 (2): 459—494.

[35] KUMBHHAKAR S C, LOVELL C A K. Stochastic frontier analysis [M]. Cambridge: Cambridge University Press, 2000.

[36] LALL S, WEISS J, ZHANG J. The "sophistication" of exports: a new trade measure [J]. World Development, 2006, 34 (2): 222—237.

[37] LANZ R, MAURER A. Services and global value chains—some evidence on servicification of manufacturing and services networks [R]. WTO Working Paper, 2015.

[38] LEVINSOHN J, PETRIN A. Estimating production functions using inputs to control for unobservables [J]. The Review of Economic Studies, 2003, 70 (2): 317—341.

[39] LOECKER J D, WARZYNSKI F. Markups and firm—level export status [J]. The American Review, 2012, 102 (6): 2437—2471.

[40] MEEUSEN W, BROECK J. Efficiency estimation from cobb—douglas production functions with composed error [J]. International economic review, 1977, 18 (2): 435—444.

[41] MARKUSEN J R. Trade in producer services and in other specialized intermediate inputs [J]. American Economic Review, 1989, 79 (1): 85—95.

[42] MILES I, KASTRINOS N, BILDERBEEK R, et al. Knowledge—intensive business services: their role as users, carriers and sources of

innovation [R]. European Innovation Monitoring System (EIMS) Publication, No. 15, 1995.

[43] MIROUDOT S, SAUVAGE J, SUDREAU M. Multilateralising regionalism: How preferential are services commitments in regional trade agreements? [J]. Journal of the World Economy, 2010 (4): 64—82.

[44] MUKIM M. Coagglomeration of formal and informal industry: evidence from india [J]. Journal of Economic Geography, 2015, 15 (2): 329—351.

[45] NORDAS H K, ROUZET D. The impact of services trade restrictiveness on trade flows [J]. The World Economy, 2017, 40 (6): 1155—1183.

[46] OLLEY G S, PAKES A. The dynamics of productivity in the telecommimicaticms equipment industry [J]. Econometrica, 1996, 64 (6): 1263—1297.

[47] RODRIC D. What's so special about china's exports? [J]. China & World Economy, 2006, 14 (5): 1—19.

[48] ROY M, MARCHETTI J, LIM A H. Services liberalization in the new generation of preferential trade agreements: How much further than the GATS? [J]. Journal of World Trade Review, 2006 (2): 55—192.

[49] SHEPOTYLO O, VAKHITOV V. Services liberalization and productivity of manufacturing firms: Evidence from ukraine [R]. World Bank working papers, No. 5944, 2012.

[50] SOLOW R M. Technical change and the aggregate production function [J]. The Review of Economics and Statistics, 1957, 39 (3): 312—320.

[51] UPWARD R, WANG Z, ZHENG J. Weighing China's export basket: The domestic content and technology intensity of Chinese exports [J]. Journal of Comparative Economics, 2013, 41 (2): 527—543.

[52] WANG Z, WEI S J. What accounts for the rising sophistication of China's exports? [R]. NBER Working Paper No. 13771, 2008.

[53] WANG Z, WEI S, ZHU K F. Quantifying international production sharing at the bilateral and sector levels [R]. NBER Working Paper, No. 19677, 2013.

[54] XU B, LU J. Foreign direct investment, processing trade, and the sophistication of China's exports [J]. China Economic Review, 2009, 20 (3): 425−439.

[55] XU B. The sophistication of exports: Is China special? [J]. China Economic Review, 2010, 21 (3): 482−493.

[56] YU M. Processing trade, firm's productivity, and tariff reductions: evidence from Chinese products [J]. The Economic Journal, 2015, 125 (6): 943−988.

附　录

附表 1　第 4 章中处理组和对照组的城市划分名单

处理组（133 个）	对照组（132 个）
绥化市、宣城市、广安市、防城港市、贵港市、安康市、眉山市、永州市、宿州市、钦州市、亳州市、张家界市、黄冈市、鹰潭市、玉溪市、榆林市、南充市、广元市、咸宁市、随州市、宿迁市、菏泽市、保山市、云浮市、益阳市、商丘市、池州市、抚州市、汕尾市、六安市、阜阳市、资阳市、巴中市、孝感市、遂宁市、揭阳市、宜春市、延安市、宁德市、常德市、金华市、丽水市、日照市、新余市、东莞市、汕头市、聊城市、黄山市、安顺市、怀化市、梅州市、清远市、忻州市、玉林市、三亚市、茂名市、湖州市、泰安市、秦皇岛市、渭南市、信阳市、湛江市、郴州市、廊坊市、阳江市、淮安市、临沂市、驻马店市、黑河市、雅安市、衡水市、滁州市、运城市、衢州市、滨州市、朝阳市、新乡市、武威市、邢台市、呼和浩特市、呼伦贝尔市、北海市、娄底市、吉安市、内江市、朔州市、临汾市、邵阳市、赤峰市、襄樊市、绵阳市、周口市、吴忠市、大同市、徐州市、连云港市、赣州市、遵义市、上饶市、济宁市、莱芜市、四平市、白城市、通辽市、宝鸡市、锦州市、荆州市、鄂尔多斯市、舟山市、蚌埠市、西宁市、铁岭市、南平市、营口市、昆明市、曲靖市、南宁市、海口市、潍坊市、承德市、台州市、达州市、开封市、莆田市、汉中市、沧州市、九江市、晋中市、中山市、南京市、合肥市、天水市、潮州市	佛山市、河源市、枣庄市、南昌市、镇江市、保定市、杭州市、济南市、泸州市、沈阳市、长沙市、柳州市、韶关市、佳木斯市、西安市、重庆市、三门峡市、常州市、乌鲁木齐市、盐城市、江门市、阜新市、自贡市、德州市、张家口市、石家庄市、荆门市、铜川市、龙岩市、安庆市、齐齐哈尔市、岳阳市、吉林市、烟台市、泰州市、巢湖市、淄博市、武汉市、衡阳市、景德镇市、广州市、梧州市、上海市、许昌市、成都市、六盘水市、南通市、牡丹江市、大连市、晋城市、唐山市、长春市、嘉兴市、辽阳市、乐山市、丹东市、宜宾市、桂林市、漯河市、三明市、北京市、太原市、宁波市、哈尔滨市、白山市、鄂州市、漳州市、天津市、鹤壁市、松原市、大庆市、兰州市、肇庆市、宜昌市、通化市、贵阳市、郑州市、扬州市、福州市、德阳市、青岛市、无锡市、辽源市、南阳市、葫芦岛市、温州市、长治市、绍兴市、萍乡市、银川市、深圳市、芜湖市、咸阳市、焦作市、洛阳市、苏州市、鸡西市、安阳市、湘潭市、黄石市、本溪市、邯郸市、抚顺市、铜陵市、石嘴山市、十堰市、淮南市、双鸭山市、白银市、阳泉市、泉州市、威海市、株洲市、鹤岗市、平顶山市、嘉峪关市、克拉玛依市、淮北市、乌海市、包头市、鞍山市、金昌市、马鞍山市、珠海市、东营市、攀枝花市、七台河市、濮阳市、厦门市、盘锦市、惠州市、伊春市

　　注：这里以改进的 HHI 指数值的中位数为临界值进行分组，将数值较高组作为处理组，数值较低组作为对照组。

附表 2　WIOD 中制造业行业代码与国民经济

行业分类（GB/T 4754—2002 年修订本）中制造业行业代码对照

WIOD 代码	名称	GB2 位代码	行业名称
c3	Food，Beverages and Tobacco	13	农副食品加工业
		14	食品制造业
		15	饮料制造业
		16	烟草制品业
c4	Textiles and Textile Products	17	纺织业
		18	纺织服装、鞋、帽制造业
c5	Leather，Leather and Footwear	19	皮革、毛皮、羽毛（绒）及其制品业
c6	Wood and Products of Wood and Cork	20	木材加工及木、竹、藤、棕、草制品业
c16	Manufacturing，Nec；Recycling	21	家具制造业
c7	Pulp，Paper，Paper，Printing and Publishing	22	造纸及纸制品业
		23	印刷业和记录媒介的复制
c16	Manufacturing，Nec；Recycling	24	文教体育用品制造业
c8	Coke，Refined Petroleum and Nuclear Fuel	25	石油加工、炼焦及核燃料加工业
c9	Chemicals and Chemical Products	26	化学原料及化学制品制造业
		27	医药制造业
		28	化学纤维制造业
c10	Rubber and Plastics	29	橡胶制品业
		30	塑料制品业
c11	Other Non－Metallic Mineral	31	非金属矿物制品业
c12	Basic Metals and Fabricated Metal	32	黑色金属冶炼及压延加工业
		33	有色金属冶炼及压延加工业
		34	金属制品业
c13	Machinery，Nec	35	通用设备制造业
		36	专用设备制造业

WIOD 代码	名称	GB2 位代码	行业名称
c15	Transport Equipment	37	交通运输设备制造业
c14	Electrical and Optical Equipment	39	电气机械及器材制造业
		40	通信设备、计算机及其他电子设备制造业
		41	仪器仪表及文化办公用机械制造业
c16	Manufacturing, Nec; Recycling	42	工艺品及其他制造业
		43	废弃资源和废旧材料回收加工业

注：此处使用的是 WIOD 的 2012 年版本，包含 35 个具体行业类别，其中制造行业有 16 个，这里仅涉及其中的 c3～c16。在对照时还参照了国际标准产业分类（ISIC）的分类标准，鉴于 WIOD 数据库中的行业分类较粗，此处将国民经济行业分类按 WIOD 的行业大类进行整合。

附表3 联合国商品贸易统计数据库中 BEC 的分类代码

1	食品和饮料	11	初级	111	主要用于工业
				112	主要用于家庭消费
		12	加工	121	主要用于工业
				122	主要用于家庭消费
2	未另归类的工业用品	21	初级		
		22	加工		
3	燃料和润滑剂	31	初级	321	汽油
		32	加工	322	其他
4	资本货物（运输设备除外）及其零配件	41	资本货物（运输设备除外）		
		42	零配件		
5	运输设备及其零配件	51	载客汽车		
		52	其他	521	工业
				522	非工业
6	未另归类的消费品	61	耐用品		
		62	半耐用品		
		63	非耐用品		
7	未另归类的货品				

注：按照分类标准，代码 111、121、21、22、31、322、42 及 53 为中间品的分类，代码 41 和 521 为资本品的分类，剩余的代码则为消费品的分类。